Collection
Écrit sur parole

TINTIN
CHEZ LE
PSYCHANALYSTE

Du même auteur :

Histoire de la psychiatrie en bandes dessinées, Savelli, Paris, 1978.

La passion des étoffes chez un neuro-psychiatre, Solin, Paris, 1981 (ouvrage collectif).

« *Le dessein du dessin* », in *Art et Fantasme,* Champ Vallon, Paris, 1983.

SERGE TISSERON

TINTIN CHEZ LE PSYCHANALYSTE

Essai sur la création graphique
et la mise en scène de ses enjeux
dans l'œuvre d'Hergé

Présentation par DIDIER ANZIEU

Écrit sur parole

AUBIER
ARCHIMBAUD

Si vous souhaitez être tenu au courant de nos publications
il vous suffit d'envoyer vos nom et adresse aux

Éditions Aubier
13, quai de Conti
75006 PARIS

ISSN 0294-541X

ISBN 2-7007-2142-X

PREFACE

Des albums qui ont amusé mon enfance, je n'ai guère conservé en mémoire que les illustrations farfelues des Pieds-Nickelés. Encore pèsent-elles moins en valeur enchanteresse que les souvenirs de mes premières lectures, d'Arsène Lupin, de Jules Verne. L'auteur m'apportait le texte, je fournissais moi-même dans ma tête les images. Ce sont mes enfants qui m'ont fait découvrir Tintin et je suis reparti avec eux, avec lui, explorer la géographie de notre planète et les mondes de nos fantasmes. J'ai d'abord lu ses Aventures *au hasard des rééditions et des cadeaux. Puis s'installa l'habitude, à chaque parution nouvelle, d'acquérir plusieurs exemplaires, dont je gratifiais mon entourage. Certains patients arrivaient même en avance pour regarder, dans ma salle d'attente, le dernier volume qui s'y trouvait. Moi-même, je le substituais avantageusement pour un soir à la lecture du* Monde *comme pont vers le sommeil. Ce n'était pas seulement une coquetterie d'intellectuel ni un désir paternel de proximité avec sa descendance. Après avoir connu Tintin, c'est autrement que j'ai étudié les rêves de Freud ; quand j'ai mis au point la nouvelle édition de mon livre sur* l'Auto-analyse, *ces rêves m'apparurent alors structurés non pas tant comme un langage que comme une*

B.D. Beaucoup en effet obéissent à ce schéma : en première partie un paysage (qui peut être celui de l'intérieur du corps) ; en seconde partie, des bulles avec les paroles prononcées par les personnages, des inscriptions en langue ancienne ou étrangère, un panneau indicateur, une pancarte, un nom propre de personne ou de lieu, une formule chimique : bref, sous l'image, un texte. Cette capacité de passer directement du vu à la pensée, du corps au code, m'a paru spécifier le génie inventif du père de la psychanalyse.

Avec ma lecture d'un article de Serge Tisseron [1], puis du manuscrit de la première version de son livre, nouvelle découverte. *Tintin* n'était plus pour moi une collection arbitraire d'albums indépendants, une plaisante série disparate aux termes interchangeables, mais une totalité qui prenait cohérence et sens, une œuvre au long cours, en un mot, analogue aux *Hommes de bonne volonté* ou *A la recherche du temps perdu*. Je tenais là un tiercé dans l'ordre. Une différence toutefois reste de taille. Les personnages de Jules Romains naissent, évoluent et meurent. Le narrateur proustien parcourt le temps lui aussi quoiqu'en sens inverse, en remontant à l'enfance. Au fil de la vingtaine de ses volumes échelonnés sur une vingtaine d'années, Tintin a toujours vingt ans. Il n'a pas été tout petit, il ne sera pas non plus une grande personne. On ne lui connaît ni parents, ni enfants, ni petites amies. Seuls ses pantalons suivent les variations de la mode. Il cesse d'être un exemple de cette diachronie chère aux écrivains jusqu'à Joyce et au Nouveau Roman. Tintin est un héros de la synchronie. Ce n'est pas par hasard si les vingt ans que demande la parution complète de son cycle coïncident avec les deux décennies de domination structuraliste sur la pensée française. *Les Aventures de Tintin* représentent, en grand format, un petit Lévi-

Strauss illustré. Tisseron montre bien comment chaque volume examine une variante différente de la même structure (Tintin et Milou affrontés aux diverses figures de l'inconnu) jusqu'à ce que la structure, saturée ou vidée, bascule et qu'une nouvelle structure se mette en place, avec la constitution du trio Tintin-Tournesol-Haddock qui finit par trouver, dans la Castafiore, son quatrième mousquetaire, sa voix chantante et son premier jupon. Ce changement structural — c'est en cela que Serge Tisseron reste psychanalyste — est mis en rapport avec l'histoire ou plutôt avec une préhistoire individuelle, plus précisément avec la quête généalogique du capitaine Haddock, héritier inconscient — notamment par ses jurons — du secret de son aïeul, le chevalier de Hadoque, un contemporain du Roi-Soleil : changement à travers lequel se serait joué pour Hergé, l'auteur, une problématique personnelle décisive. Tisseron a été guidé, dans ce fécond décryptage, par la notion psychanalytique, due à Nicolas Abraham et Marika Torok, d'une crypte cachée à la bordure du psychisme, habitée par un ancêtre mort conservé ainsi vivant, et vivant à la place et au détriment du sujet. C'est la version familiale du membre fantôme. L'ouvrage de Tisseron comporte bien d'autres intuitions stimulantes et novatrices : je laisse au lecteur le plaisir de les découvrir. Mais je veux l'avertir de ne pas être rebuté à l'idée de ces références psychanalytiques au cas où elles ne seraient ni connues ni recherchées de lui. De ce livre, on peut procéder à deux lectures. Une lecture spontanée pour le double plaisir de revivre une fois de plus le cycle de Tintin et de le savoir cette fois-ci admirablement ordonné. Une lecture seconde, plus savante, surtout des quelques quarante dernières pages et qui déborde le personnage de Tintin et ses acolytes pour examiner la question du tra-

vail créateur quand celui-ci entremêle le dessin et le texte. Tisseron ébauche là une recherche non encore abordée par la psychanalyse, et que nous lui souhaitons de poursuivre encore sur le geste graphique et la création du trait.

Didier ANZIEU.

« Tintin (et tous les autres) c'est moi, exactement comme Flaubert disait : « Madame Bovary, c'est moi ! » Ce sont *mes* yeux, *mes* sens, *mes* poumons, *mes* tripes !... Je crois que je suis seul à pouvoir l'animer dans le sens de lui donner une âme. C'est une œuvre personnelle, au même titre que l'œuvre d'un peintre ou d'un romancier. Ce n'est pas une industrie ! Si d'autres reprenaient " Tintin ", ils le feraient peut-être mieux, peut-être moins bien. Une chose est certaine, ils le feraient *autrement* et, du coup, ce ne serait plus " Tintin ". »

« Je l'ai élevé, protégé, nourri, comme un père élève son enfant. »

Tintin et moi. Entretiens avec Hergé,
Numa Sadoul, Casterman, Belgique,
1975, p. 45-46.

Tintin est entré dans ma vie bien avant les sept ans de la célèbre formule publicitaire. A mes parents, Hergé offrait la triple assurance d'un dessin propre, d'un texte grammaticalement exact et d'une moralité à toute épreuve... auxquels s'ajoutait peut-être le plaisir de suivre les aventures d'un héros déjà familier. Indifférent à leurs raisons, j'y trouvais les miennes. Ainsi devint-il le divertissement privilégié de mes heures solitaires. Il le resta. Son évolution jalonna la mienne. Sans que je comprenne pourquoi, certains nouveaux albums m'enchantaient. D'autres me choquaient ou me paraissaient insignifiants, le temps sans doute que je fus capable de faire miennes les préoccupations qui avaient animé leur auteur. Ainsi en fut-il de *Tintin au Tibet,* puis des *Bijoux de la Castafiore...*

INTRODUCTION

Après plus de quarante années d'un travail qu'il décrit lui-même comme acharné, Hergé se détache enfin de sa table à dessin. L'album charnière de cette métamorphose, *Les bijoux de la Castafiore,* mêle dans une ironie joyeuse la caricature d'une matrone envahissante à celle des procédés graphiques de l'auteur. Mais quelle relation y a-t-il entre cet auteur qui a consacré la plus grande partie de son existence au dessin, et cette femme vouée à ses bijoux et finalement confrontée à leur perte ? Des multiples facettes et des multiples pistes que cette œuvre nous propose, laquelle privilégier ?

Comme beaucoup de dessinateurs, Hergé bâtit ses aventures à partir d'un couple de héros : Tintin et Milou, puis Tintin et Haddock, le petit chien devenant de moins en moins important au fur et à mesure que s'impose le capitaine. Comme dans bien d'autres bandes dessinées, l'un de ces deux héros est plus sérieux et l'autre plus spontané. Mais Hergé paraît être parvenu mieux que tout autre à évoquer derrière ces deux personnages les deux polarités entre lesquelles l'enfant est partagé : d'une part le garçon sage et obéissant, et de l'autre les émotions profondes et vitales de l'enfance.

Tintin, imberbe, reste toujours égal à lui-même, c'est-à-dire infiniment secourable et infailliblement bien élevé. De même que l'enfant attentif et disponible s'emploie à devenir l'incarnation des désirs de ses parents, il offre à toutes les projections du lecteur son visage rond et vide, support parfait des désirs d'autrui.

A l'inverse le capitaine, hirsute, est débordé sans cesse par une émotivité qu'il s'avère tout autant incapable de contenir que de cacher. Lui incarne l'enfant réel, ses colères et ses doutes, ses violences et ses obstinations, mais aussi ses tristesses et ses élans de tendresse et de générosité. Rien d'étonnant que face au conformisme moralisant du premier, il éprouve d'abord des désirs de meurtre [1] !

Mais justement parce qu'il est cet enfant ordinaire, Haddock n'est jamais sûr non plus de l'affection de personne. Abandonné à la violence de ses propres sentiments, il l'est aussi au risque de la culpabilité qui s'ensuit. Et quand le bonhomme apparaît, dans *Le crabe aux pinces d'or,* c'est en alcoolique ravagé par le remord, criant « maman maman » comme un bébé abandonné [2].

C'est pourtant ce personnage ivre de solitude et d'oubli qu'Hergé nous désigne pour être celui qui le représente [3]. C'est à lui encore qu'il confiera la tâche de nous conter l'histoire du clivage opposant ces deux figures de l'enfance.

Car le capitaine devra d'abord imaginer une histoire familiale avant qu'il revienne à Tintin le rôle de nous en dévoiler le sens. Cette histoire, nous le verrons, se situe en fait au carrefour de trois histoires distinctes : celle des héros de l'œuvre, celle de l'œuvre elle-même en train de se faire, et celle de l'auteur — enfant aux prises avec ses propres parents, d'une façon qui n'est pas toujours accessible aux mots...

Hergé, après quarante années de travail acharné, découvre donc, selon ses propres paroles « les plaisirs de la vie, le plaisir de flâner, le plaisir de ne rien faire [4] ».

Et lui qui a tellement contribué au plaisir des enfants commence à nous parler de sa propre enfance trois mois avant sa mort. C'est pour nous confier que l'atmosphère familiale n'était qu'une juxtaposition de solitudes muettes [5]. Le jeune Georges Remi [6] rêvait-il déjà à la famille qu'il saura, plus tard, donner à son jeune héros... et peut-être, le temps d'une lecture, à son jeune public ?

On peut imaginer en tout cas sa souffrance devant le manque d'empathie de ses parents à ses sentiments d'enfant. La froideur familiale a fini par le geler. Pourtant la flamme n'est pas tout à fait morte. Il l'attise avec ce qu'il a sous la main, un crayon, un bout de papier. Il dessine pour son jeune frère qui représente la partie enfantine de lui-même. Lorsqu'à l'école, l'enfant sage et studieux qu'il s'applique à être risque de lui faire perdre à tout jamais le contact avec les émotions vives de l'enfance, il remplit ses marges de « petits bonshommes ». Cet enfant-là deviendra effectivement un boy-scout modèle, à l'image de Tintin. Mais c'est au dessin et à Haddock qu'appartiendront finalement le dernier mot.

Les bijoux de la Castafiore fut accueilli avec enthousiasme par les lecteurs adultes assidus de Tintin. Michel Serres lui consacre en particulier un très beau texte [7]. Mais les enfants, eux, comment réagirent-ils [8] ?

L'album ne contient rien des voyages, des jurons et des farces qui font en général le succès du genre. Les adversaires des héros y sont une cantatrice et une pie ! C'est dire si nous sommes loin des aventures planétaires de certaines bandes dessinées actuelles où le sort du monde est suspendu à l'intervention de quelque créature douée de pouvoirs surnaturels. Plus encore, Hergé ramène le lecteur aux jeux du langage dont rien ne laisse à penser que l'adolescent amateur de B.D. soit justement un familier. Et il le confronte, dans l'intimité du château de Moulinsart, à l'image des tensions et des incompréhensions familiales que l'adolescent, justement, cherche souvent à fuir dans la lecture des illustrés.

L'auteur quant à lui se porte plutôt bien de ce retour. Il nous dit être enfin libéré de la tension intérieure qui l'enchaînait à sa table de travail. Il dit encore découvrir les plaisirs de la vie. Heureux qui comme Ulysse... Mais pourquoi un si long voyage ? Pourquoi la mise en scène sur près de cinquante ans de deux personnages aussi contrastés que le sont Tintin et Haddock ?

L'étonnant, ici, n'est pas qu'Hergé, comme tant de créateurs, se soit senti enchaîné à sa création. L'étonnant est qu'il parvienne, avec les *Bijoux*, à s'en libérer. A la différence de tant de peintres et de dessinateurs consacrant leurs dernières années à une activité graphique où ils atteignent une perfection sans précédent, Hergé parvient, à la fin de sa vie, à une sérénité d'où la préoccupation du trait s'absente. Quelle place son œuvre a-t-elle prise dans la réduction de ses tensions intérieures et dans cette réconciliation avec lui-même à laquelle il nous dit finalement parvenir ?

A la recherche de quelle vérité son trait court-il pendant près de cinquante années ? Quelle réalité psychique inaccessible s'emploie-t-il ainsi à cerner ?

C'est justement ce que son œuvre nous offre à étudier. Car la flamme s'est faite aventure. L'aventure d'un adulte à la recherche de l'enfance en lui, à la recherche de ce qui lui a manqué, empruntant tour à tour, face à Tintin, le héros à la pureté inaccessible, chacune des facettes de sa personnalité : Haddock, Tournesol, la Castafiore...

Première partie

LES LARMES DE LA CASTAFIORE

Éléments de la continuité hergéienne

C'est par un départ que débute le premier album de la série des *Aventures* et par un retour que se clôt le dernier. Entre les deux, nous aurons été confrontés aux traces diverses laissées par de multiples séparations successives : messages et inscriptions en tous genres, présences du disparu dans les objets laissés par lui, épisodes amnésiques ou visionnaires, sans oublier la fameuse distraction du professeur qui prélude à celle de la Castafiore et à son dénouement dans les *Bijoux*.

C'est dans l'étude des multiples variations qu'Hergé tisse autour de ces thèmes que nous allons d'abord nous engager, sans oublier pour autant que ce choix présenté a priori a toutes les chances de passer pour arbitraire. Il appartiendra à la dernière partie de notre travail d'en préciser les raisons.

Quant à la décision de privilégier les *Aventures* sur les autres parties de l'œuvre hergéienne, c'est là suivre l'auteur lui-même puisqu'il a délaissé progressivement ses autres productions pour se consacrer aux seuls *Tintin*[1]. Pour la même raison, la seule version de cette œuvre que nous prendrons en compte est celle que constitue la succession des vingt-deux albums disponibles aux éditions Casterman sous l'intitulé des *Aventures de Tintin et Milou.* La plupart des remaniements dont ces bandes ont fait l'objet, le plus souvent à l'occasion des nouvelles contraintes éditoriales apparues après guerre, ont d'ailleurs été introduits par l'auteur à un moment où le sens de sa recherche se précisait avec l'entrée en scène du capitaine Haddock.

1930-1940
TINTIN ET MILOU
ou
LES INSEPARABLES SEPARES

Avant l'apparition du capitaine, c'est à Milou que revient le privilège d'être la seconde voix d'Hergé et de constituer avec Tintin le premier couple d'inséparables des *Aventures.* Mais ce n'est pas la chanson de Catherine, l'héroïne de *Jules et Jim,* qui convient aux multiples péripéties de cette amitié [2]. Dans Tintin, les héros ne se séparent pas, ils sont séparés, et le moteur de l'action n'est pas qu'ils se retrouvent, mais qu'ils sont inséparables. Ce n'est pas l'air fredonné par une jeune femme indépendante qui convient pour en ponctuer les avatars, mais plutôt la rengaine scoute qu'une amie me dit avoir chantée, il y a une trentaine d'années, sur les routes qui relient la Belgique à la France et Milou à Tintin :

Qui c'est qui n'a peur de rien
c'est Tintin (bis)
Et son chien Milou qui le suit partout.

∴

1930. Tintin prend le train à la gare de Bruxelles avant de s'embarquer pour le Congo. « Au revoir mon cher Tintin », « Bonne chance », lui souhaitent quelques amis venus l'accompagner sur le quai. « A bientôt, je vous enverrai des cartes postales », répond le héros. Heureux départ. Hergé lui-même a tenu à se figurer sous les traits d'un journaliste — ou d'un admirateur ? — venu saluer le reporter et lui témoigner sa sympathie. Milou épate ses collègues en évoquant de futures chasses au lion. Le Congo « belge » n'est-il pas la province de Bruxelles ?

Cette séparation ne mériterait pas d'autre remarque que celle de son extrême simplicité si l'album ne se terminait par un autre départ, tragique celui-là. Tragique et muet. *Tintin au Congo,* ouvert sur les sourires des Blancs, se clôt sur les pleurs des Noirs. Mais auparavant les soixante-deux pages de l'album nous auront confrontés aux multiples péripéties de la relation du petit chien et de son maître.

Les ennuis commencent dès la première page. Milou brise un miroir. « Sept ans de malheur ! » Il ne croit pas si bien dire. En moins de sept pages, le voici qui subit près de neuf agressions [3]. Pour finir il coule au milieu des requins. C'est Tintin qui le sauve, inaugurant par là une relation que rien par la suite ne viendra démentir. Une relation réciproque, car Milou n'épargnera pas sa peine pour sauver son maître le cas échéant [4]. Mais pour l'instant ces multiples atteintes à l'intégrité ou à la vie de Milou sont d'abord autant de prétextes à la manifestation de la sollicitude de son maître.

En trois pages, le reporter soigne son chien, l'emmène chez le médecin, fait reconnaître son humanité en criant « Un homme à la mer ! », puis le sauve de la gueule des requins au péril de sa propre vie, et finalement confond leurs destinées dans une phrase à la réciprocité touchante : « Nous allons changer de vêtements. Ensuite, nous prendrons un repos bien mérité [5]. » Comment imaginer aménité plus grande ? La suite nous montrera que le petit chien avait bien besoin d'un tel réconfort. Car la terre du Congo ne lui réserve pas moins de surprises que la traversée. Successivement il s'y trouve confronté à l'appétit d'un crocodile, à un enlèvement par un singe (à un moment où lui-même se lèche les babines en parlant de son désir de manger un animal de la jungle !), à la dévoration par un boa enfin, que Tintin oblige par punition (sic) à se manger lui-même ! Quant au reporter, une fois séparé de Milou, c'est à être dévoré par les crocodiles qu'il est voué. Nous voyons que la séparation des deux partenaires correspond donc, pour l'un comme pour l'autre, à de multiples menaces de dévoration. Situation unique chez Hergé, et qu'il est bien tentant de comprendre en relation avec les premières angoisses du nouveau-né...

C'est un tiers en tout cas qui vient finalement les sauver l'un et l'autre. Un « père blanc », et par deux fois [6]. Ainsi Hergé pose-t-il dès le début des *Aventures* l'indispensable intervention d'un troisième pour que survive le « couple d'inséparables ». Tel n'est pourtant pas le dernier mot de *Tintin au Congo*. Car, nous l'avons dit, l'album se termine par une séparation brutale. Ce sont les Noirs qui en font les frais.

A l'avant-dernière page, Tintin, sur le point d'être piétiné par un troupeau de buffles, monte au ciel où il disparaît définitivement : un aéroplane envoyé par l'Occident a recueilli le justicier, tel un ange délégué par Dieu emportant son serviteur.

Mais il faut singulièrement forcer le texte hergéien pour voir là l'équivalent de l'ascension du Christ [7] ! Pour Tintin, ce départ sonne le début de nouvelles aventures. Mais pour les indigènes ? Rien ne nous dit qu'ils sont informés de ces nécessités de service de leur héros, ni même du passage de l'avion salvateur. Rien ne nous indique que ce départ brutal ait été, par eux, prévu ni prévisible. Tintin part sans laisser d'adresse ni même de trace. Littéralement, il s'envole. L'appareil qui l'emporte est marqué de l'effigie de la cigogne par laquelle les scouts biens élevés doivent croire que les enfants sont apportés. Apparition... disparition... naissance et mort se rejoignent dans un même mystère... Alors que l'annonce de son destin par le Christ est indissociable de ce destin même, aucune prédiction ne vient ici annoncer le départ, et aucune parole ne vient ensuite le représenter. Situation d'autant plus remarquable que c'est justement à Tintin qu'il appartiendra par la suite d'être celui par qui les situations sont symbolisées. Ici, non seulement il n'a aucun mot pour la douleur que ce départ inflige aux indigènes, mais même aucune pensée à leur sujet. « Adieu, Afrique où il me restait encore tant de choses à voir. » Tel est son seul regret. On ne saurait mieux dire l'indifférence dans laquelle il tient ceux qui ont été, l'espace d'un album, ses enfants ! Non seulement il n'évoque ni leur existence ni les échanges qu'il a pu avoir avec eux, mais encore il n'imagine pas qu'eux mêmes puissent garder quelque souvenir de lui. Autant dire qu'il ne leur fait aucune place en tant qu'êtres humains pouvant vivre une souffrance de séparation. Milou a droit à plus d'égards ! Il ne reste plus alors aux indigènes qu'à vivre cette disparition comme un drame. Son caractère inexplicable et leur doute sur l'indifférence du disparu les conduisent naturellement à la représentation de visages hautains figés dans des statues de bois et au souvenir d'un sourire indifférent à leur tristesse : oui les Noirs qui pleurent imaginent Tintin souriant !

Ainsi, au-delà de la naïveté coloniale qui en sature la mise en scène, la dernière vignette du *Congo* condense-t-elle sur une pleine page — fait exceptionnel pour une dernière case — un ensemble de thèmes liés à une séparation dramatique : la douleur et les pleurs ; l'idéalisation du disparu et la dévotion à son effigie (ici les fétiches de bois à l'image de Tintin et Milou) ; l'image mentale de l'absent ; enfin le thème de l'objet lui ayant appartenu et recoupant partiellement celui du fétiche, objet rappelant son propriétaire mais pouvant aussi éventuellement le remplacer. Comme nous voici loin de la simplicité de la première page, mais aussi des situations de séparation affectant la relation du reporter et de son chien ! Alors que ces dernières étaient à la fois transitoires et totalement réciproques, la séparation dont il s'agit ici est totalement asymétrique : impensable pour les Noirs — et inassimilable pour eux — elle est au contraire inexistante pour Tintin.

Ce sont justement la brutalité, l'imprévisibilité, et la non-réciprocité de cette séparation qui vont être progressivement remaniées dans la suite des *Aventures.*

⁂

1931. Tintin chasse le gangster en Amérique. C'est Milou cette fois qui est kidnappé. Le reporter lancé à la recherche de son ami assomme un agent et se retrouve en prison [8] ! Ainsi, faute de parvenir à libérer son chien, son geste lui a-t-il permis de se retrouver enfermé comme lui. Et de quoi rêve Tintin une fois en prison ? De Milou en pleurs ! On ne peut ici pousser plus loin la réciprocité : le maître attristé de l'emprisonnement de son chien se fait lui-même coffrer, puis se représente la tristesse de son ancien compagnon. Une tristesse qui ne peut être que celle de Milou d'avoir perdu Tintin [9]. Avec cette scène, la séparation dans les *Aventures* cesse de signifier un risque vital pour devenir l'occasion d'une symbolisation. Il n'est pas anodin que cette élaboration emprunte ici la voie d'une représentation de la douleur de l'absent consécutive à la séparation. Nous en reparlerons.

Enfin, avec *Tintin en Amérique,* Hergé inaugure la possibilité d'un type nouveau de séparation, l'abandon. Confronté à une attaque de Peaux-Rouges, Milou se désolidarise de Tintin qui croit à un accueil pacifique. Il se cache : « Milou, tu n'as pas été chic ! Tu as abandonné Tintin ! », se reprochera-t-il plus tard. (Il est vrai que le petit chien saura par la suite, trouver les mots justes pour dire son affection.)

Mais Milou, en se parlant pour la première fois à lui-même, envisage également pour la première fois les difficultés où son maître peut se trouver : « Tintin est peut-être en danger » (p. 23). C'est cette conscience de la difficulté que la séparation présente *pour l'autre* qui constitue sans aucun doute la progression majeure de ce second album par rapport au premier. Il n'est pas étonnant dans ces conditions que les retrouvailles mettent en scène une intensité affective totalement absente de *Tintin au Congo.* Alors que dans celui-ci seul Tintin ponctuait chaque retour par quelque « Mon brave (ou mon pauvre) Milou », le petit chien révèle au milieu des truands de Chicago une manière toute nouvelle de signifier sa joie : « Ça par exemple, c'est inouï !... Mon cher Tintin... » (p. 59). Quand le chien parle comme son maître, le maître ne peut à son tour que reprendre les mots prononcés par son chien quelques pages plus haut, dans la situation symétrique : « Moi qui croyais ne plus te revoir... » (p. 51).

Nous verrons que les albums suivants apporteront à cette élaboration les éléments qui lui manquent encore : la reconnaissance de la douleur par un tiers, et surtout la spécification de la relation dans le registre de la filiation paternelle. Quant au problème posé par la séparation d'avec la mère, il faudra encore bien des albums à Hergé avant de pouvoir l'aborder, précisément dans *Les bijoux de la Castafiore.* Mais déjà une séquence de *Tintin en Amérique* nous mettait sur la voie de cette difficulté : Milou a été enlevé. Tintin croit reconnaître au-dessus de lui les cris de son chien et grimpe prestement au huitième étage d'un immeuble... pour y surprendre une mère en train de bercer son enfant (p. 47). Il n'est pas possible de mieux dire la place qu'occupe Milou pour Tintin, ou plutôt quelle place occupe leur relation pour Hergé. D'autant plus que l'originalité de la scène ne s'arrête pas là : le bébé est d'une taille impressionnante, et la femme qui le berce manifestement embarrassée du fardeau. Quand nous saurons que la découverte de ce tableau domestique est précédée d'une phrase proférée dans l'horreur (« Il faut qu'on le torture pour qu'il hurle de la sorte »), nous comprendrons mieux les détours de l'auteur face aux arcanes de la relation maternelle...

⁂

Avant de nous consacrer aux albums de Tintin où la séparation d'un fils et d'un père est abordée explicitement, il convient de dire quelques mots de ceux où ce thème se trouve impliqué de façon indirecte.

Dans les neuf premiers albums, Tintin apparaît en effet à de multiples reprises comme celui qui *rend à un père son enfant* symbolique ou réel, c'est-à-dire soit son *projet,* soit sa *progéniture.*

Dans *Les Cigares du pharaon,* il restitue au savant Philémon Siclone le papyrus indiquant l'emplacement du tombeau qu'il recherche ; puis, au maharadjah de Rawhajpoutalah, son fils enlevé par des malfaiteurs. Dans *Le lotus bleu,* il permet au fils du professeur Wang Jen-Ghié de guérir de sa folie, de reconnaître son père, et d'avoir à nouveau avec lui une relation filiale. Dans *L'oreille cassée,* il ramène au musée ethnographique son authentique fétiche arumbaja, pièce déclarée « d'une grande rareté ». Dans *Le sceptre d'Ottokar,* le savant Halambique retrouve grâce à lui le texte de l'importante conférence qu'il doit prononcer le jour même ; et le souverain Muskar XII le sceptre d'où les rois de Syldavie tiennent la légitimité de leur pouvoir. Dans *L'or noir,* il libère le fils de l'émir Ben Kalish Ezab. Dans *Le crabe aux pinces d'or,* ce qu'il rend à Haddock, c'est à la fois sa dignité et le commandement du navire dont il assume légalement la responsabilité. Enfin, dans *L'étoile mystérieuse,* il fournit au professeur Calys un morceau de minerai dont la possession symbolique lui était déjà assurée, puisqu'il portait le nom de son découvreur, le calystène.

La fin de cet album n'est d'ailleurs pas sans évoquer une scène de maternité... Tintin s'avance vers les savants extasiés en portant, emmailloté dans une étoffe de la même couleur verte que celle de certaines salles d'accouchement, un bloc du précieux rocher qu'il vient de disputer aux autres concurrents de la découverte embarqués sur un navire appelé le *Peary.* La pierre participe à sa façon à cette nativité en engendrant à son tour un champignon gigantesque !

Venons-en maintenant à la première mise en scène explicite du thème des retrouvailles père-fils. C'est dans les *Cigares du pharaon* qu'elle se trouve : le fils du maharadjah, enlevé par un malfaiteur à la fin de l'album, est très vite rendu à son père par les soins de Tintin. A la séparation fait suite l'émotion du retour, et surtout l'affirmation d'une authentification réciproque : au « Père » de l'un répond, non moins chargé d'intensité, le « Mon fils » de l'autre...

Or ce thème une fois introduit par Hergé va connaître des remaniements successifs qui constituent autant d'approches de l'exposé des difficultés d'une séparation où certaines paroles n'ont pas pu être entendues, et peut-être pas pu être dites. Voyons-en les premières étapes.

A la fin des *Cigares du pharaon,* la joie des retrouvailles est encore présentée sans que la séparation ait été explicitement figurée comme cause de souffrance : l'enlèvement survient en fin d'album et il est de courte durée.

Dans *Le lotus bleu* (1934), la mise en scène concerne la double joie d'une adoption (celle de Tchang) et d'une guérison de folie (le fils de Wang). Dans les deux cas, un fils y est en quelque sorte rendu à ses parents. Mais ici, la solitude du jeune Tchang et le début de la folie du fils de Wang (par laquelle il devient étranger au monde) surviennent en milieu d'album ; et la douleur des deux parents, celle du père comme celle de la mère, y font l'objet d'une représentation discrète mais poignante. Enfin la page finale de l'album représente un repas d'adieu partagé entre Tintin et ses hôtes, puis l'émotion et la tristesse du départ.

Après la disparition silencieuse du *Congo* (« Adieu, Afrique... »), après la série des « réceptions officielles » de l'*Amérique* qu'Hergé ne prenait même pas la peine de nous représenter (« c'est bien dommage je commençais à peine à m'habituer », dit seulement le reporter en s'embarquant...), la fin du *Lotus bleu* figure donc la *première douleur partagée de séparation.* « Adieu Tintin, et calme au long de la route », dit Tchang. « J'emprunte tes paroles d'heureux augure, Tchang », répond Tintin. On ne saurait mieux dire.

⁂

Avec *L'oreille cassée* paru en 1935, Tintin se retrouve aide de camp d'un général. Gratifié par celui-ci d'une affection qui n'est pas sans évoquer quelque filiation adoptive, il en a tous les honneurs, jusques et y compris celui d'éveiller sa suspicion ! Mais cet album marque surtout l'apparition de plusieurs thèmes dont nous verrons l'importance dans le dénouement de la question paternelle, au moment du *Trésor de Rackham le Rouge* : le blanc vivant parmi les indigènes et vénéré par eux ; le fétiche ; le trésor enfoui dans une vieille malle et recherché au bout du monde [10] ; enfin le coupable mystérieux que nous ne verrons jamais — c'est assez extraordinaire dans une bande dessinée ! — et dont seul un perroquet connaît l'identité. (Nous verrons que ce sont également les perroquets qui, dans *Le trésor,* transmettent le souvenir vocal d'un mort.)

Quant à l'album suivant, *L'île noire* (1937), il inaugure, sous le couvert d'une imagerie traditionnelle de château délabré et maudit, le thème de la hantise, et, par la bouche des Dupondt, celui du fantôme [11]. C'est d'ailleurs un os déterré par Milou qui conduit Tintin à découvrir successivement les « cuirs » des aviateurs (autant dire leurs vieilles peaux), puis les seize morceaux d'un puzzle anticipant sur celui du parchemin de la donation de Moulinsart. Quant au responsable de la « hantise », il se révèle finalement être un gorille. Préludant au Yéti qui, dans *Tintin au Tibet,* secourra et soignera Tchang avant de pleurer lui aussi le départ de son ami, l'animal protège ici la fabrication de monnaie de singe. Et la lecture par transparence du filigrane des faux billets par où s'impose la fausse vérité n'est pas non plus sans évoquer les (fausses) indications que donnera à Tintin la même méthode de lecture appliquée aux parchemins du *Secret de la Licorne.* Mais quel est le filigrane de l'œuvre d'Hergé ? En tout cas, la découverte des faux billets correspond à celle d'une vraie émotion. Pour la première fois dans les *Aventures,* la douleur de séparation se voit authentifiée par un tiers. C'est en effet par un article de journal occupant la moitié de la dernière page de l'album que nous est relatée la séparation de Tintin et du gorille. Le procédé qui rappelle la fin de *Tintin au Congo* est mis ici au service d'un message tout différent : sur la photographie le gorille pleure pendant que l'article nous indique que Tintin est en train de lui « faire ses adieux ». La bande dessinée aura rarement aussi bien illustré la complémentarité du dessin et du texte !

⁂

Le sceptre d'Ottokar, paru quelques mois après la mainmise de l'Allemagne hitlérienne sur l'Autriche, a souvent été vu comme le récit du secours porté par Tintin à un monarque menacé par les visées annexionnistes d'un pays proche [12]. Pourtant la trouvaille d'Hergé, et le moteur dramatique de son récit, c'est que l'exercice du pouvoir royal soit ici conditionné par la possession d'un sceptre. Une brochure intitulée « Syldavie, royaume du pélican noir » et « reproduite » à l'intérieur de l'album, nous explique pourquoi [13] : le roi Ottokar IV après s'être protégé par son sceptre des assauts d'un baron revendiquant sa couronne, aurait proclamé : « Malheur au roi qui te perdra, celui-là ne serait plus digne de régner. » Ainsi chaque souverain syldave, quel que soit son rang de parenté avec ce monarque monté sur le trône en 1360, se trouve-t-il lié à lui par la malédiction qui accompagnerait la perte du sceptre. Cette situation, nous le verrons, n'est pas sans évoquer la relation liant le capitaine Haddock à son propre ancêtre le chevalier. Ce n'est pas un hasard non plus si le titre de l'album lui-même évoque un lien de possession sans réalité présente, mais dont la réalité passée pèse sur le présent par ses seuls effets de parole, tout comme plus tard dans *Le trésor de Rackham le Rouge*. Dans les deux cas, l'intéressé est mort et enterré, et une recherche scrupuleuse ne pourrait en exhumer que les os. C'est justement dans *Le sceptre* que Milou connaît sa plus grande joie de dénicheur d'archives anatomiques. Il s'empare dans un musée d'histoire naturelle d'un tibia de « diplodocus gigantibus [14] ». L'anecdote se termine lorsqu'un autre chien lui ravit sa découverte : un chien noir dont la couleur, et surtout la gueule, avec le seul œil droit visible, énorme et blanc, évoque le traître Boris Jorgen, chef des conjurés, apparaissant à la ligne suivante sanglé dans son uniforme noir et l'œil remplacé par le cercle blanc d'un monocle. Au voleur d'os correspond le voleur de sceptre ! Mais cette mise en parallèle du sceptre et du tibia, on l'a compris, n'a de sens que parce que l'un et l'autre renvoient à l'ancêtre, c'est-à-dire, au-delà de son héritage, à ses restes. Le rapprochement qui s'impose ici comme chaînon associatif intermédiaire entre les ossements humains et le tibia du diplodocus vient sous la plume d'Hergé : Milou, à la fin de la page précédente, contemplait la porte d'une cabine à haute tension portant le fameux sigle d'un crâne et de deux tibias entrecroisés. Et à la fin de l'album, lorsqu'il ramassera dans sa gueule le sceptre perdu par Tintin, c'est encore la tentation d'un os qu'il devra écarter, et c'est l'image de Tintin tenant dans sa main une poignée d'éclairs semblables à ceux de la cabine à haute tension qui le dissuadera d'abandonner le sceptre. Enfin nous verrons que c'est bien une « histoire naturelle » qui pourrait être le secret de la généalogie des Haddock, et que ce secret en tout cas est centré sur un autre « gigantibus », un personnage si « grand » qu'aucune majuscule ne suffit à en restituer la majesté. Alors, le choix par Hergé du sceptre comme support de la parole du défunt et objet de la quête de Tintin viendrait-il, par un artifice phonétique nous annoncer l'arrivée du spectre ?

Le rythme des publications, en tout cas, s'accélère : *L'or noir, Le crabe aux pinces d'or* et *L'étoile mystérieuse* se succèdent en moins de quatre ans...

Imaginé en 1939, *L'or noir* a été publié avant-guerre en livraisons hebdomadaires jusqu'à la page 25. Interrompu par la mobilisation d'Hergé, il a été repris et modifié en 1948, puis remanié ultérieurement encore. Si nous choisissons d'en parler ici, c'est que ni le capitaine Haddock, ni le professeur Tournesol n'y sont introduits de façon significative (le premier y fait une apparition finale tout à fait inexplicable et le second se manifeste par sa seule correspondance). Or les *Aventures* publiées après 1940 font une place croissante à ces deux nouveaux héros et, pour le capitaine, une place royale dès 1943. Enfin, pour en rester au thème qui nous préoccupe, son originalité se trouve être en continuité avec les albums dont nous venons de parler : le thème du père accablé de la séparation d'avec son fils y reçoit sa première illustration explicite à travers la mise en scène d'une douleur paternelle expansive et théâtrale. Encore cette illustration reste-t-elle ici tempérée d'une forte charge d'ironie : Abdallah, le fils regretté, est au sens fort insupportable, et les expressions employées par son père pour manifester sa tristesse puis sa joie des retrouvailles empruntent volontiers aux domaines ornithologique, floral, et culinaire ! Alors que la séparation de Tintin et de Tchang était traitée avec une remarquable intensité émotive, l'ironie dont Hergé entoure cette relation témoigne-t-elle de sa pudeur au moment où commencent à se préciser *les enjeux d'une filiation ?*

Mais auparavant, Hergé nous aura encore conviés,

sous prétexte d'astres et d'astronomie (et comme plus tard dans l'exploration lunaire) à la confrontation avec un monde placé sous le double signe de la désolation et de la solitude.

Etrange album que *L'étoile mystérieuse*. Avec une maîtrise extraordinaire de ses propres angoisses, Hergé nous y communique une représentation saisissante de la fin du monde, culminant dans la disparition d'un morceau de terre désolé où la nature semble devenue folle et jouer à affoler l'homme qui a tenté d'y prendre pied. Dès le début de l'album, nous savons que le monde dans lequel nous entraîne l'auteur n'a plus rien de familier : il fait jour à minuit, l'asphalte s'enfonce sous le pied, la chaleur est de plus en plus étouffante, les pneus explosent et les rats montent des égouts, le tout sous les auspices d'une araignée gigantesque et terrifiante ! Quant à la fin de l'aventure, elle nous livre rien de moins qu'une version retournée et démoniaque du mythe de la genèse. Le monde n'est plus ici confié à l'homme pour qu'il le nomme et en prenne possession, mais au contraire chaque détail familier s'y trouve grossi aux dimensions d'un cauchemar. Fallait-il un compagnon à Tintin pour l'aider à supporter tant d'inhumaines agressions ? Ou bien est-ce pour se convaincre lui-même de l'utilité des recherches qui vont suivre qu'Hergé a tenu à faire le compte de son désarroi ? En tout cas, le capitaine Haddock, introduit un album auparavant, va commencer à changer, et devenir progressivement le compagnon inséparable de Tintin.

1940-1948
HADDOCK ET LE FANTOME DU CHEVALIER
ou
LA QUESTION DE L'ATTACHEMENT PATERNEL

Ivrogne, gaffeur et menteur, tel est le capitaine dans ses premières apparitions... en définitive un personnage fort peu sympathique. Puis viennent *Le secret de la Licorne* et *Le trésor de Rackham le Rouge*, et Haddock change. « J'ai été le premier surpris par cette évolution », confie Hergé [1].

N'est-ce pas pourtant à l'étude des conditions du changement du capitaine que sont consacrés ces deux albums ? Telle est l'hypothèse à laquelle nous allons nous attacher. Ces aventures tireraient une grande partie de leur effet de captivation de l'analyse du mécanisme par lequel la métamorphose du capitaine s'accomplit. Car un étranger hante le capitaine, et cela dès son apparition dans *Le crabe aux pinces d'or*. Il appartient aux deux albums du *Secret*, puis du *Trésor*, de nous dévoiler l'identité du mort et de nous laisser entrevoir son histoire afin que nous puissions y déchiffrer les raisons de son insistant retour. Mais deux albums seront encore nécessaires pour que le capitaine se libère tout à fait du fantôme de son ancêtre, le *chevalier François de Hadoque, capitaine de marine sous le règne du roi Louis XIV*.

Telle est la raison pour laquelle nous allons d'abord tenter d'écouter la voix du chevalier en nous intéressant à son œuvre à lui, trois licornes contenant trois messages nous parlant d'un trésor... Car tout nous laisse entendre, dans ces albums, que les métamorphoses de Haddock ne sont pas sans rapport avec quelque secret de son lointain ancêtre.

Si nous allons être préoccupés de secret dans ce qui suit, c'est donc qu'Hergé lui-même nous met sur la voie. Mais l'enjeu de notre construction à nous n'est pas de déchiffrer enfin quelque message caché (cela se fera pourtant en chemin), il est d'approcher la logique de l'inconscient lorsqu'elle organise la création graphique.

⁂

Tout commence par une histoire de vol... dans un marché aux puces, cimetière des souvenirs oubliés. Les Dupondt, comme à l'ordinaire, y font en sorte d'être les premiers suspects. Tintin a plus de chance, qui déniche la première pièce du puzzle qui conduira, à travers les recherches du *Secret de la Licorne* à la découverte du *Trésor de Rackham le Rouge.* Entre temps, il aura beaucoup été question de souvenirs et des objets qui les retiennent : étalages singuliers des brocanteurs, grenier du capitaine Haddock, « bric à brac » de la remise de deux frères antiquaires, magasin souterrain d'un vendeur de scaphandre, où une sirène empaillée voisine avec des masques et des statuettes, atelier perché du professeur Tournesol ; puis les épaves ramenées à la lumière après trois siècles passés au fond des mers, et le musée enfin, « salle de marine » où la boucle se referme des aventures du capitaine Haddock et de celles de son ancêtre, les mêmes objets rappelant à la fois les unes et les autres dans un château ayant appartenu à l'un et retrouvé par l'autre.

Mais revenons à l'aventure.

Tintin achète pour le capitaine le modèle réduit d'un

vaisseau du XVIIe siècle. Plus précisément une caravelle, à moins que ce ne soit une « caramelle », comme le dit le vendeur, donnant déjà à entendre à travers cette substitution phonétique un écho du futur Rackham. Mais n'anticipons pas... Haddock retrouve dans l'objet le modèle du navire figuré en arrière fond du portrait de l'un de ses ancêtres « qui a vécu sous le règne de Louis XIV ». Ainsi fait son entrée « François, Chevalier de Hadoque, capitaine de la marine du Roy, commandant du vaisseau la Licorne ». Les objets à nouveau vont servir de rappel, puisque c'est en fouillant son grenier (sa mémoire ?) que le capitaine retrouve un coffre contenant un sabre, un chapeau, et de vieux manuscrits de la main du chevalier. Alors, emporté par sa narration, Haddock va découvrir entre les lignes du récit de la *Licorne* les « mots » du chevalier, et s'apercevoir que ses injures à lui étaient aussi celles de son aïeul, ces insultes partagées — et peu communes ! — authentifiant en quelque sorte la filiation qui les unit comme un héritage secret.

La suite de l'histoire ne tarde pas à révéler que les modèles réduits de la *Licorne* sont trois, et que le rassemblement des trois parchemins qu'ils contiennent doit indiquer la cachette du trésor. Cette quête opposera d'abord les deux héros à deux autres chasseurs occasionnels de trésor, les frères Loiseau, antiquaires par métier et criminels par intention. Cette recherche les mènera ensuite sur une île où, faute du trésor recherché, ils découvriront, parmi quelques autres restes du chevalier, le souvenir de sa voix : transmise depuis le XVIIe siècle par la tradition vocale des perroquets et immortalisée par un fétiche indigène le représentant, la bouche grande ouverte, tout occupé, on l'imagine, à se livrer à sa passion blasphématoire.

En cours de route, les deux héros seront devenus trois

par l'apparition du professeur Tournesol, bientôt indispensable. Et la nouvelle amitié, renforcée par les épreuves, sera scellée définitivement à la fin du *Trésor* par l'achat d'une demeure commune : le château de Moulinsart, découvert par Tintin, authentifié par Tournesol, et acheté avec l'argent du professeur avant que le capitaine ne devienne millionnaire. Car le fameux trésor de l'ancêtre est découvert, bien sûr ! Il n'était pas bien loin. Précisément dans les caves de Moulinsart, à l'intérieur d'un globe terrestre miniature. Point n'était besoin de parcourir le monde, il suffisait de savoir lire les parchemins de manière symbolique : c'est Tintin, on s'en doute, qui fera cette découverte, fidèle en cela à son rôle de préposé aux explications symboliques [2].

Telle est l'aventure où j'ai cru reconnaître une illustration de ce qu'Abraham a nommé « la problématique du fantôme [3] ». Le mort qui hante le capitaine a disparu avec son secret, et nul n'en a une connaissance consciente, le capitaine moins que personne. Les aventures du *Secret* et du *Trésor* vont opérer un dévoilement progressif de l'énigme à la lumière duquel les jurons, l'alcoolisme et les remords du capitaine vont peu à peu apparaître comme autant de signes de sa hantise par le fantôme du chevalier. Mais le mort ne se laisse pas si facilement évincer ! Il faudra encore les deux albums suivants, c'est-à-dire *Les sept boules de cristal* et le dénouement final du *Temple du soleil* pour qu'Haddock, enfin délivré, y devienne le sympathique « cher vieux capitaine ».

Telle est l'histoire. Sa place dans l'œuvre de Hergé n'est pas moins intéressante. Ces quatre albums se trouvent en effet en position médiane sur les vingt-deux qui constituent le cycle de Tintin [4] : dixième, onzième, douzième et treizième respectivement. Nous avons également parlé de l'importance qu'y jouent les objets et de leur rôle comme support des souvenirs. Il est remarquable que ceux que l'on rencontre dans ces albums rappellent plusieurs aventures de Tintin, et pas seulement de celles qui précèdent. Le magasin du vieux marin en particulier regroupe côte à côte des masques africains, référence à des albums antérieurs, et un masque inca, qui n'intervient comme élément de l'action que dans un album suivant.

Ces quatre albums occupent enfin une place capitale dans les relations du personnage de Tintin : c'est dans le premier de notre série de quatre que s'affirme l'amitié qui le liera désormais au capitaine. Dans le même album, Tournesol apparaît pour la première fois ; et c'est dans le suivant (le second de notre série de quatre) que le professeur est intégré au panthéon hergéien, avant que cette intégration ne soit scellée par l'achat d'une résidence commune, le château de Moulinsart. Si Tournesol disparaît dans le troisième et réapparaît dans le quatrième à la suite des recherches de Tintin et de Haddock, la fin de cet album marque surtout, comme nous le verrons, la fin du fantôme du chevalier.

⁂

Tout commence par un secret. Secret transmis de génération en génération sans qu'aucun de ses « porteurs » successifs ne puisse en avoir conscience. Mais voici un descendant soudain hanté par l'étranger, hérité de l'inconscient de ses propres parents, qui eux-mêmes le tenaient de l'inconscient de leurs parents à eux, selon ce qu'Abraham appelle « la loi de la nescience ».

Ici, c'est Haddock qui est habité par le fantôme du chevalier. Dès son apparition dans *Le crabe aux pinces d'or*, le capitaine est en effet présenté comme un alcoolique aux conduites résolument suicidaires, réduisant à l'échec les tentatives des autres pour le sauver, allant même jusqu'à menacer directement la vie de Tintin. Sans transition, le buveur se fait croisé de la lutte anti-alcoolique, président de la ligue des buveurs repentis, alternant faux serments et fausses promesses de sobriété. « C'est un ivrogne esclave de son vice, une véritable loque », nous dit Hergé lui-même. Ajoutons que les dangers qu'il suscite le laissent sans voix, exceptée celle du repentir : « Qu'ai-je fait, Mon Dieu, qu'ai-je fait ? » Ces remords, d'ailleurs bien vite alimentés par de nouvelles gaffes, nous verrons que ce sont ceux-là mêmes qu'un autre n'a pas formulés. Et les fameuses insultes du capitaine, les mots que son ancêtre n'a pas pu adresser à qui de droit. Mots tus, comme le secret, mais qui, à l'inverse, ont pu être déplacés. Le capitaine, ivre, jure : messe personnelle, commémoration de l'indicible.

C'est au fil des albums qui nous intéressent ici que le fantôme, peu à peu, se dévoile. Le capitaine, en même temps qu'il y scelle son amitié avec Tintin, abandonne ses comportements autodestructeurs [5]. Son alcoolisme y perd sa violence et surtout l'hypocrisie dont il s'entourait. Et si son anthologie personnelle d'insultes subsiste, c'est intégrée dans un humour général qui transforme la « loque » des premiers albums en celui qu'Hergé reconnaît explicitement pour son double [6].

Mais comme toute libération personnelle, celle de Haddock ne se fera pas sans difficulté, car le fantôme ne se laisse pas si facilement reconnaître ! Le capitaine devra y affronter ses propres réticences. Maladie de foie... dira le médecin. Le commerçant qui vend le scaphandre à Haddock et Tintin ressemble quant à lui à Rackham le Rouge en plus âgé : « Tu ne trouveras rien moussaillon ! » Voilà le capitaine devenu petit mousse... Et c'est sur son visage que lit le vieux marin, comme un adulte le fait sur celui d'un enfant en y devinant quelque secret caché !

Pourtant le lien de parenté entre le chevalier et le capitaine, qui s'allonge sur près de trois siècles, ne rend-il pas peu crédible une aussi exacte préservation du fantôme ? Le « fantôme » tel que le définit N. Abraham résulte en effet du passage de l'inconscient d'un parent à celui d'un enfant. Puisque nous avons posé de ne pas faire intervenir encore d'hypothèse relative à Hergé lui-même, et aux déplacements et condensations que la bande dessinée organise par rapport aux conflits intérieurs de son auteur, contentons-nous de faire ici la part des conventions du récit.

Avant de signifier « ancêtre », le mot « aïeul » ne désigne-t-il pas d'abord le grand-père ? La généalogie s'efface ici au profit d'une filiation, et, à défaut d'être clairement situé comme le descendant direct du chevalier, le capitaine y est bien posé comme son principal héritier.

Aux prétendants au trésor de Rackham qui présentent leur arbre généalogique en preuve de leur ascendance, le capitaine répond en proposant de reprendre sur-le-champ le combat qui opposa leurs ancêtres. Où il est démontré par la fuite des pseudo-héritiers que la preuve par l'identification imaginaire en vaut bien une autre ! Et quand Haddock, sitôt après, revient à un mode de reconnaissance plus « civil » et demande son nom à Tournesol, celui-ci donne raison à la première manière du capitaine. La question apparemment banale se retrouve dénuée de tout sens par la surdité du professeur !

⁂

Dans les cales de la *Licorne*, il y avait du rhum. Et c'est sous l'emprise de l'alcool que le capitaine va retrouver les mots de son ancêtre [7].

Il est bien connu que sous l'effet de la boisson, tout

se dédouble ! Milou lui-même en fait l'expérience pendant le fameux récit du capitaine. Haddock effectivement s'y dédouble : c'est bien lui qui boit, c'est sûr, puisque la sobriété du chevalier n'est pas mise en doute. Mais pour qui jure-t-il, ou plutôt à la place de qui ? Le capitaine, sous l'effet de l'alcool retrouve les jurons dont le chevalier faisait son quotidien à jeun. Il y retrouve aussi l'indignation de son aïeul. Restent à comprendre les causes de cette perpétuation. Dans *Le crabe aux pinces d'or,* où apparaît pour la première fois le capitaine, les deux séries de jurons prononcées dans l'album sont précédées de l'exclamation « Vengeance ! ». La première fois, ces insultes sont à destination des Arabes du désert (« Canailles, emplâtres, va-nu-pieds », etc.). La seconde fois, elles sont dirigées contre un marin. Les mots employés valent qu'on s'y arrête : « Trahison ! Vengeance ! Renégat ! Hérétique ! Esclavagiste ! Technocrate ! » Trahison ? Qui a trahi quoi ? Renégat ? C'est une personne qui a renié sa religion. Hérétique ? Les choses se précisent. C'est une personne qui est condamnée par l'Eglise catholique. Un protestant par exemple ?

Les insultes viennent dire la rage de vengeance : rage lorsque quelqu'un retire au capitaine sa bouteille. Que remplace-t-elle au juste cette bouteille ? En tout cas, les réactions provoquées chez le capitaine lorsqu'on la lui ôte montre ce que l'alcool cache : sa colère contre un traître.

Ici, nous devons nous intéresser à la fausse symétrie des titres des deux albums. Car si *Le secret de la Licorne* renvoie bien au parchemin que cache chacun des modèles réduits, *Le trésor de Rackham le Rouge,* lui, ne renvoie nullement à quelque chose que Rackham cache (il le montre, au contraire, son trésor, et avec quelle ostentation !), encore moins à quelque chose qui soit sa propriété.

Cette fausse symétrie de construction renvoie pourtant à une symétrie de sens. Car *Le secret de la Licorne* n'appartient pas à la *Licorne*, mais au chevalier. De même *Le trésor de Rackham* n'appartient pas à Rackham, qui en est le voleur. Ainsi dans les deux cas, l'indication nominale contenue dans le titre de l'album ne désigne-t-elle qu'un dépositaire transitoire.

La symétrie que nous avons soulignée entre les deux titres trouve un prolongement dans la circulation des deux objets incriminés : le secret, ou plutôt ce qui est désigné comme son support sémantique dans le premier album, c'est-à-dire les parchemins, et le trésor dans le second. Tout commence par une histoire de vol, avons-nous dit : « Depuis quelques semaines, les vols à la tire se multiplient de façon inquiétante » (première phrase de la page 1 du *Secret*). Mais la découverte du coupable réserve une surprise. Car la passion kleptomane d'Aristide Filoselle nous introduit au principe du vol restitutif ! Dérober un portefeuille et le document — volé — qu'il contient est encore la manière la plus sûre d'assurer sa restitution à son propriétaire légitime. Ainsi la circulation des parchemins peut-elle se résumer de la façon suivante :

Etat initial, appartiennent au chevalier ;
1re modification, volés par les frères Loiseau ;
2e modification, volés par Filoselle ;
3e modification, Filoselle les range en lieu sûr, selon des coordonnées alphabétiques renvoyant à l'ordre de sa bibliothèque ;
4e modification, découverts par Tintin qui les restitue à Haddock, héritier du chevalier.

La circulation du trésor, pour être bien située dans son parallélisme, demande à être reconstruite à partir de la fin :

4e *modification,* découvert par Tintin qui le restitue à Haddock ;
3e *modification,* rangé en lieu sûr par le chevalier, qui en note « les coordonnées ».

La logique du parallèle nous conduit ensuite aux propositions suivantes :
2e *modification,* volé par le chevalier ;
1re *modification,* volé par Rackham.

Mais à qui appartient-il donc ce trésor ? Serait-il au chevalier, tout comme les parchemins rédigés par lui-même et censés permettre sa découverte ? Impossible, puisque le chevalier en est lui-même voleur.

Le trésor pris au pirate par le chevalier sujet du Roi appartient au Roi lui-même ! Faut-il alors renoncer au parallélisme de nos constructions et opposer le trésor appartenant au Roi au secret du chevalier ? Les symétries sont trop importantes chez Hergé [8] et surtout les titres des deux albums trop ambigus : *puisqu'il ne fait pas de doute que le trésor appartient bien au Roi, le secret aussi est le sien.* La logique des jurons, comme celle des parchemins, nous conduit à penser qu'un premier secret lie le chevalier à son Roi.

Telle est l'hypothèse dont nous allons tenter maintenant de tester la validité. Mais nous pouvons d'ores et déjà comprendre ceci : dire « Le trésor de Rackham le Rouge », c'est écarter tout risque de penser que le trésor puisse être devenu la possession du chevalier. Pourtant la logique de la circulation des parchemins est là pour nous l'indiquer bien avant que la fin de l'histoire ne nous le confirme : le chevalier a bien gardé le trésor, comme un pirate. Les Dupondt ne se trompaient qu'à peine, eux qui affirmaient dès le début de l'histoire, en pointant l'index sur le capitaine, « il y a un coupable, et le coupable, le voici ». « Si ce n'est pas lui, c'est donc son ancêtre », auraient-ils pu ajouter ! Oui, le chevalier a bien volé, mais le recel des bijoux pris à Rackham lui a d'abord permis de désigner « le traître, le renégat, l'hérétique », Louis XIV lui-même, le Roi-Soleil.

⁂

Le chevalier a donc décidé de garder secret un trésor revenant de droit à la couronne. Un trésor « valant dix fois la rançon d'un Roi » lui a dit Rackam le Rouge. Cette précision laisse supposer de quelle rêverie ces joyaux ont pu devenir l'enjeu : pouvoir, pour le chevalier, sauver la vie de son Roi ; à moins qu'il s'agisse au contraire de ne pas le sauver tout en ayant la possibilité de le faire... Dans les deux éventualités, c'est en tout cas la secrète certitude d'un pouvoir absolu sur le monarque qui est préservée. A sa mort, pourtant, le chevalier ne fait pas revenir le trésor à la couronne. Ses propres fils en profiteront-ils ? C'est ici que le mystère commence, car le chevalier va se donner beaucoup de mal pour rendre la découverte des joyaux problématique même pour ses propres enfants ; ils doivent rester « unys » et « voguer de conserve », c'est-à-dire aller ensemble dans la même direction. Mais afin de recevoir ce message, ils auront dû chacun, au préalable, « déplacer vers l'arrière le grand mât du modèle réduit » que le chevalier leur a laissé. Comme tout cela est compliqué ! Pour parvenir, qui plus est, à l'indication d'une île où il n'y a rien ! Que cachent ces cachotteries ? La condition posée à l'union des trois hommes serait-elle le souvenir d'un désaccord politique ou religieux entre le chevalier et le Roi, ou bien s'agirait-il du souvenir d'une connivence homosexuelle ? En tout cas, le soin mis par le chevalier à entourer de mystère le trésor de Rackham laisse penser que ce secret-là en cache un autre ! Le chevalier a caché le trésor, soit, mais que s'était-il passé pour qu'il le cache ?

Rappelons ici les termes de l'acte de donation du château de Moulinsart. Cet acte n'est reproduit que de façon parcellaire, mais la comparaison de la longueur des portions de phrase manquantes avec la taille des lettres et des intervalles employés nous permet de le reconstituer de la façon suivante :

« Louis, par la grâce de Dieu, Roy de France, voulant récompenser les grands mérites de notre cher et aimé François, chevalier de Hadoque, lieutenant de notre marine, lui baillons et délaissons notre château de Moulinsart, avec toutes et chacune de ses appartenances et dépendances, car tel est notre plaisir.

« Donné à Versailles le quinzième de juillet, l'an de grâce mille six cent quatre vingt quatre, de notre règne le quarante et unième [9]. »

En 1684, les deux ailes de Versailles et la Galerie des Glaces viennent d'être terminées par l'architecte Hardouin-Mansart. Moulinsart, Hardouin-Mansart... Y-a-t-il derrière cette coïncidence anagrammatique un souvenir historique d'Hergé ? En tout cas, ni le témoignage d'affection de Louis XIV, ni la nouvelle propriété du chevalier ne le dissuadent de reprendre la mer.

Le « cher et aimé » serait-il tombé en disgrâce ? Aurait-il soudain décidé de prendre plus de distance envers le « bon plaisir » royal ? On l'imagine mal, en tout cas, enrubanné à la cour de Versailles, transformé, selon l'une de ses propres injures en « perroquet emplumé » ! Y aurait-il eu déception politique portant sur l'évolution des méthodes de gouvernement (1684 est l'année précédant la révocation de l'Edit de Nantes) ? Y aurait-il eu déception sentimentale ? Le chevalier, en tout cas, part, *en emportant avec lui, dans un coffret fermé à clef, l'acte du 15 juillet 1684*... Comme un secret...

N'est-ce pas un secret initial qu'est venu tenter de récompenser — ou de faire oublier — bien avant le naufrage de la *Licorne,* le somptueux cadeau du château de Moulinsart ? Les termes employés dans le parchemin de la donation donnent à penser qu'il touche à l'intimité des deux protagonistes, c'est-à-dire qu'il concerne soit un lien amoureux, soit un lien de parenté. En tout cas si, dans ce secret-là, il faut chercher un coupable, ce n'est certes pas le chevalier ! Son silence a été acheté, même si c'est d'une manière qu'il estime insuffisante comme en témoignent le vol et le recel du trésor de Rackham le Rouge.

Bouche cousue donc. Le chevalier peut l'ouvrir toute grande, mais c'est pour proférer ses fameuses insultes. Et qui pourrait croire qu'il insulte son roi ? Et lui-même un peu au passage, de la revanche qu'il a été tenté de prendre ? Ce n'est pourtant pas lui qui l'avait voulu... Mais comment accuser le monarque suprême, qui plus est lorsqu'on lui doit tant, et peut-être — qui sait — lorsqu'on l'aime encore ? Il ne reste alors que la possibilité d'une vengeance secrète : le trésor de Rackham offre cette possibilité puisque, devant revenir à la couronne, il peut être gardé secret par le chevalier et « vaut dix fois la rançon d'un roi ». Le chevalier vole donc. Mais ce n'est pas la fortune qui le préoccupe. C'est le secret initial. Sinon comment expliquer son indifférence envers la valeur matérielle du trésor ? Comment expliquer surtout la mise en scène ? Car si le chevalier pouvait se sentir coupable de la responsabilité de son roi dans le premier secret, le vol du trésor et le nouveau secret qu'il inaugure vont organiser une nouvelle culpabilité, appartenant bien au chevalier celle-là. Ce vol va surtout permettre que la loi du silence du premier secret soit en partie rompue... Tout au moins pour qui n'est pas sourd...

Autour de ce second secret (les joyaux), le chevalier va en effet en monter un troisième, celui d'une île au trésor où rien n'est à découvrir, si ce n'est les traces de sa propre solitude.

« Le coupable revient toujours sur les lieux de son crime », dit la sagesse populaire. Le chevalier, lui, fait en sorte que ses fils y reviennent à la recherche d'un trésor introuvable. Au moins peut-il ainsi accréditer l'idée qu'il ne l'a jamais eu, et que ce n'est pas lui le voleur ! La structure de ce double secret monté de toutes pièces devient ainsi le révélateur de l'existence du secret initial, un peu comme le château de Moulinsart et le certificat de donation en constituaient le plus sûr rappel tout en tentant de le faire oublier.

Le faux secret de l'île au trésor vient masquer le vrai secret du vol, et du même coup désigner ce dernier comme masquant lui-même un secret antérieur. Toute la mise en scène n'était destinée qu'à faire comprendre qu'un secret peut en cacher un autre, et qu'il faut savoir lire à travers les secrets superposés comme à travers les parchemins, pour que la lumière soit.

L'île n'était qu'un cénotaphe, les joyaux de Rackham les pierres du sépulcre. Le véritable secret, c'est que le chevalier lui-même est une cachette pour le secret d'un autre. Secret condamné au silence. Le chevalier errant est le tombeau du secret de son Roi, complice bien malgré lui par la confidence qu'est venue vraisemblablement officialiser la donation de 1684. C'est de ce secret que sa postérité doit être informée comme d'un trésor dissimulé dans les fondations de la maison des Hadoque, à l'image des bijoux cachés dans la crypte de Moulinsart.

Mais comment parler lorsqu'on est condamné au secret, sinon par énigmes, sinon par images ?

Car il est urgent de faire savoir la vérité : ce secret d'un autre — d'un Roi — est trop pesant, et combien plus si ce secret porte sur soi-même, sur quelque faute ou quelque souffrance dont on est, soi-même, le témoin, ou le témoignage. Recherche dont la quête d'Hergé témoigne peut-être à sa façon... Mais chut ! C'est une limite que nous étions convenus de ne pas dépasser encore...

Contentons-nous donc d'accomplir les dernières volontés du chevalier, et de faire en sorte que les parchemins nous parlent de ce qui n'a été que « mi-dit ».

« C'est de la lumière (c'est-à-dire du Roi-Soleil lui-même) que viendra la lumière. Et resplendira la † de l'Aigle. » L'apparition d'un signe cruciforme (d'une image !) à la place d'un mot absent est une invitation à prendre la signification d'une manière non dénotative. Ainsi la « croix » devient-elle l'épreuve, le fardeau. La fin mystérieuse se lit alors de la façon suivante : et resplendira (c'est-à-dire apparaîtra au grand jour) la † (c'est-à-dire la douleur, le calvaire)... de qui ? de l'Aigle ? Pas tout à fait, car le changement d'une seule lettre nous dévoile l'aïeul, c'est-à-dire le chevalier condamné au secret de son Roi, l'ancêtre voué au silence. « Haddock » (ou Hadoque) n'est-il pas justement un autre nom de l'églefin, ou *aiflefin* [10] ?

Révéler la souffrance du secret enfoui dans le chevalier et transmis à ses descendants sur le modèle de la « topique à inclusion [11] », c'est enfin permettre à ses descendants, et donc au capitaine Haddock, d'en être libéré. « La † de l'Aigle » c'est aussi la mort de l'aïeul, sa mort enfin possible. Sa souffrance a été reconnue, et rapportée à qui de droit.

Exit le chevalier. Ce n'était pas de sa faute à lui. Qu'il repose en paix. Le problème concernait le Roi-Soleil lui-même. Mais quel était donc le secret ?

Pour que tout soit terminé, il faudrait que le chevalier et Louis XIV en parlent enfin entre eux, et nous en parlent. A défaut, cette réconciliation et le dénouement pourront se faire entre leurs héritiers légitimes. C'est à cette entreprise que vont donc maintenant s'engager nos héros, à l'exploration du secret du Grand Roi, à la découverte du *Temple du soleil.*

⁂

C'est en 1948 exactement que Hergé, en achevant les aventures du *Temple,* va mettre un terme à la possession du capitaine en même temps qu'à celle des sept savants plongés en léthargie par l'effet des sept boules de cristal.

Plus précisément, cette date de 1948, où se révèle une double inversion par rapport à celle de 1684, va voir le dénouement des trois secrets que la donation de 1684 avait inaugurés. Nous ne nous étonnerons pas qu'il y faille à nouveau une mise en scène. Mais cette fois, c'est le cinéma et ses décors qui seront invoqués.

Il y faudra surtout la présence centrale de Tournesol, héros malgré lui de ces soixante-deux pages, héros impassible autour de qui tout tourne, pourrait-on dire, depuis *Les sept boules de cristal,* comme nous le donnait d'ailleurs déjà à penser la couverture de cet album.

L'île du chevalier s'étant révélée ne contenir aucun trésor dans les aventures antérieures (et le troisième secret s'étant donc ainsi dissipé), ce sont ici les deux secrets précédents qui vont trouver leur résolution : le secret initial, et le second, le vol du chevalier.

Ce dénouement va s'opérer à travers deux vignettes en position symétrique l'une par rapport à l'autre, tout comme le second secret venait en quelque sorte compenser (inverser) les effets du premier. Il s'agit de la case du sommet de la page 61 en haut et à droite, et de celle du sommet de la page 62, en haut et à gauche, situées en recto, et verso du même feuillet et seulement séparées par la transparence du papier, un peu, donc, à l'image des parchemins superposés « afin que la lumière soit ».

Dans cette réconciliation, le capitaine représentera, bien sûr, les intérêts de son aïeul. Mais qui représentera le Roi-Soleil ? Le Fils du Soleil lui-même, c'est-à-dire le Grand Inca, dont l'album nous a appris que son absolutisme n'avait rien à envier à celui de Louis le Grand [12].

Ainsi s'éclaire la médiation de Tournesol. N'est-il pas le mieux placé pour remplir ce rôle, de par son nom qui le voue à comprendre les volontés du soleil, sinon à les orienter ?

Quant à la réconciliation du chevalier avec le Grand Roi, alias le Soleil, ce sont nos souvenirs scolaires qui vont ici venir à notre secours... et peut-être à la rencontre de ceux d'Hergé...

Le tournesol est en effet ce réactif coloré, violet comme l'habit du chevalier, qui vire tantôt au rouge (comme Rackham le coupable), tantôt au bleu (comme Haddock l'innocent) ! Le langage des couleurs répond donc à la question que Tournesol a révélée en découvrant les parchemins de la donation de Moulinsart : le chevalier n'est pas immaculé, mais il n'est pas coupable non plus. Autrement dit, le responsable de toute l'affaire, c'est Louis XIV.

Le secret de Louis XIV

« Vieux frère, je le jure !... Que le grand Cric me croque et me fasse avaler ma barbe si je lâche un mot à ce sujet. » Telle est la formule par laquelle le capitaine promet à la fin du *Temple* de ne rien révéler de ce qu'il vient d'apprendre. Mais qui parle, et de quoi ? Car cette formule est énigmatique à plus d'un titre. Faut-il rappeler en effet que « le grand Cric » n'est pas une formule du capitaine, mais du chevalier. C'est dans la bouche du chevalier brandissant une longue vue qu'elle apparaît pour la première fois. C'est également la formule par laquelle s'est révélé sur l'île le souvenir sonore du chevalier à travers la tradition vocale des perroquets. Enfin, cette imprécation n'apparaît dans aucun autre album. « Que le grand Cric me fasse avaler ma barbe si je lâche un mot à ce sujet. » Tel est l'engagement que le chevalier a dû prendre auprès du roi Louis XIV.

Auprès du roi Louis XIV ou auprès du vieux frère ? C'est bien effectivement le moment où jamais que se lève le dernier coin du voile ! Ce n'est pas tous les jours que peuvent se retrouver face à face l'héritier du chevalier et le Fils du Soleil !

Le mot ultime du secret serait-il que le chevalier soit un frère bâtard cadet du Roi ?

A cette hypothèse nous en préférons une autre : à supposer qu'en 1698, le chevalier ait eu aux environs de quarante ans (ce que son apparence dans l'album nous autorise à penser), il en avait entre vingt-cinq et trente au moment de la donation de 1684. A ce moment-là Louis XIV en avait quarante-six. Cette différence d'âge rend plausible un lien de filiation unissant le chevalier au Roi. Cette hypothèse explique mieux la vengeance secrète du chevalier : le trésor dissimulé à tous et dont lui seul se sait possesseur est l'équivalent du secret de sa propre origine. Si ce trésor « vaut dix fois la rançon d'un roi », celui qui le possède n'est-il pas roi lui-même ? C'est pourquoi la possession du trésor par le chevalier ne s'accompagne d'aucune revendication, comme on pourrait s'y attendre s'il s'agissait de deux frères. Cette explication est également la seule qui tienne compte de la « croix » du chevalier, de la souffrance secrète dont il n'est pas le responsable, mais le porteur. Car le chevalier, fils de

Louis XIV, est le corps même du délit, la seule trace du secret. C'est lui, le chevalier, qui est le trésor de son roi, le trésor de son père. Mais tout cela est condamné au secret d'Etat. Voilà le « calvaire » du chevalier : c'est la douleur du père imaginée par le fils. Tel est le sens du « trésor valant dix fois la rançon d'un Roi », caché dans l'attente — dans l'espoir — du moment où le Roi — le père — aura enfin besoin du chevalier.

Il permet de donner un support tangible au souhait « ... que je te manque, et que tu me le dises enfin. Que tu me dises comme l'absence de ton fils te pèse, ô mon père, et que je ne sois plus seul à porter ta douleur telle que je l'imagine, telle que je la souhaite, telle qu'elle existe forcément si ton amour existe. »

La peine — la « croix » — de l'aïeul est le meilleur garant, avec le précieux parchemin de la donation, de l'amour que le roi Louis XIV « doit » porter à son fils. Amour impossible et pourtant indispensable, dont la peine subie par le fils pour être supposée au père est le seul témoin.

On aura peut-être reconnu au passage la situation de la crypte telle que la décrivent N. Abraham et M. Torok [13] : c'est la transmission de ce secret encrypté qui détermine l'effet du fantôme sur une génération ultérieure, ici le capitaine Haddock.

Ainsi l'analogie entre le grand Versailles et le petit Moulinsart est-elle un rappel de la relation unissant leurs propriétaires respectifs. Ainsi se trouvent également expliqués le coup monté de la fausse île au trésor et l'exhortation faite aux trois fils de rester « unys ». Unis dans la recherche d'un trésor que leur père a été condamné à laisser caché, le trésor de leur propre origine : être issus, dans la génération située en arrière du chevalier, du grand mât de Louis le Grand.

Il nous reste encore un point à éclaircir pour considérer comme définitivement levé le secret du chevalier : celui de son invective privilégiée, la seule que le capitaine, son descendant, n'ait pas reprise à son compte, celle qui résonne soudain sur l'île de la Licorne comme le craquement que l'onomatopée cric-crac résume : « Que le grand Cric me croque ! »

Le cric tout d'abord est cet appareil à crémaillère doué de capacité d'allongement qui n'est pas sans évoquer l'organe viril et les variations indispensables à la manifestation de ses vertus reproductrices. « Que le grand Cric me croque » serait donc : « Que le grand sexe — d'où je suis sorti — m'anéantisse », ou plus simplement : « Que le Grand Roi m'anéantisse » puisque c'est sous la forme de la dévoration que le petit enfant se représente l'anéantissement. Ainsi appartiendrait-il au père de mettre fin à sa propre création. Privilège du monarque absolu... « Qu'il me fasse avaler ma barbe si je lâche un mot à ce sujet [14] », ajoute Haddock. Nicolas Abraham, après Imre Hermann, a mis en évidence le rôle des poils comme organes passifs de cramponnement [15]. C'est par les mains et les pieds que le nouveau-né s'agrippe, mais c'est aux poils qu'il lui est le plus facile de réaliser cet accrochage. « Que le grand Cric me fasse avaler ma barbe » signifie donc : « Que le Grand Roi me fasse avaler les poils par lesquels je peux encore être agrippé par mon père » (le Grand Roi étant pris ici comme équivalent maternel et non paternel [16]) ; ou encore : « Que le Grand Roi me lâche — me laisse choir — si je lâche moi-même un mot au sujet de ce que je sais. »

L'existence d'une locution figurée, à ma connaissance peu fréquente (mais que Hergé avait pu entendre), fait rebondir le sens. L'expression « croquer le marmot » signifie en effet... attendre. Et le marmot, comme chacun sait, est le petit garçon. Si le chevalier est bien le marmot du roi, « Que le grand Cric me croque » signifie « Que le Grand Roi attende ! » Ne serait-ce pas la juste compensation à l'attente par le chevalier que son père lui manifeste, bien plus que les témoignages d'affection d'un Roi, l'amour vivant d'un père ?

Jeux de rôles

Trois rôles successifs du Grand Inca vont correspondre au dénouement de chacun des trois secrets, comme il y avait trois Licornes, et comme il y aura, à partir de cet album, « trois frères unys » jusqu'à la mort : Tintin, Haddock et Tournesol. Ce triple dénouement vient en écho du triple secret, dans cette série décidément placée sous le primat du chiffre trois. Changements de rôles, avons-nous dit. Qui est qui ? Toute cette scène va effectivement se dérouler dans une atmosphère dont Hergé lui-même a souligné le caractère théâtral. « C'est du cinéma », s'écrit Tournesol. « Quelle conviction chez le moindre de ces figurants ! » Chacun y joue un rôle, à commencer par Tintin, l'illusionniste, qui fait semblant de savoir commander au soleil !

Tout va se passer un peu comme dans ces numéros de music-hall qui débutaient *Les sept boules de cristal.* Rappelons que les numéros, là encore, étaient au nombre de trois, et que chacun renvoyait à une histoire qui s'était passée — ou était en train de se passer — ailleurs. Quant au capitaine, il était là pour tenter de percer un secret, celui de la transformation de l'eau en vin ; tour de passe-passe réservé à un fils descendant celui-là de son père de la manière la plus officielle qui soit, le fils du Dieu officiant à Cana !

Mais revenons-en aux retrouvailles du chevalier et de Louis XIV.

Premier tableau. Le Grand Inca représente le « vieux frère » du chevalier. Voici donc face à face le descendant légitime du Roi-Soleil, officiel « Fils du Soleil », et le fils bâtard, chevalier de Hadoque, représenté par le capitaine. C'est la scène qui suit immédiatement le moment où Tintin a commandé à l'astre solaire. C'est le dénouement du secret initial. Le chevalier, par la bouche du capitaine, s'engage à ne rien révéler de leurs origines royales.

Deuxième tableau. Le Grand Inca représente maintenant le Roi-Soleil lui-même, c'est-à-dire le père du chevalier. L'échange père-fils porte sur le trésor : le père absout son fils de son vol en lui remettant un trésor bien plus important.

« C'est si peu de choses », ajoute le Tout-Puissant... Plus de quoi s'inquiéter, donc, d'avoir gardé pour soi le trésor de Rackham !

Troisième tableau. Le Grand Inca intervient en tant que lui-même, c'est-à-dire dépositaire des richesses de son peuple.

Ce troisième dénouement vient répondre à la question : à qui appartenait le trésor de Rackham le Rouge ? « D'un vaisseau espagnol », a dit le pirate. Mais chacun sait d'où les Espagnols au XVIIe siècle tenaient leur or et leurs pierres précieuses. Afin que tout ait été dit, il appartient au Grand Inca, Fils du Soleil, d'apporter l'ultime éclaircissement : « Voilà le trésor des Incas, celui que les conquérants espagnols ont cherché en vain pendant tant d'années... »

Le propriétaire légitime du trésor, c'est le Grand Inca

lui-même. Et il appartenait à ce propriétaire seul de signifier que le trésor volé n'était rien. Ainsi se trouve doublement innocenté le chevalier : 1°) il n'a pas volé mais il a reçu en cadeau ; 2°) ce qu'il a volé ne manque à personne.

Raisons de symétrie

Toutes ces constructions symétriques dont quelques-unes avaient d'ailleurs déjà été mises en évidence par Benoît Peeters [17] nécessitent pourtant une explication.

Nous ne saurions en effet nous contenter du goût général d'Hergé pour les déroulements circulaires, lui-même expliqué par son intérêt pour tout ce qui touche au disque solaire.

Pourquoi les jeux de miroir seraient-ils justement poussés si loin ici plutôt qu'ailleurs ? Il devrait paraître évident au lecteur, après ce qui précède, que ces homologies visuelles sont sous-tendues par une rigoureuse et indispensable symétrie de sens. C'est cette symétrie qui peut assurer la réconciliation du chevalier et de son Roi, elle-même condition de la fin de l'envoûtement du capitaine.

Il importe en effet de comprendre que cette réconciliation, pour être efficace, nécessite une *inversion de l'ensemble du rapport de forces qui avait marqué la situation inaugurale.*

Le chevalier dénué de tout moyen de faire savoir sa noble ascendance ne pouvait qu'être condamné à un silence soumis. Qui l'eût cru s'il se fut avisé de rompre le secret ?

Ici, au contraire, le serment de ne rien révéler est demandé comme une grâce par le Grand Inca. Il y va de l'avenir même de son empire et de son pouvoir ! En grand seigneur, Haddock accepte sans compensation. Comme nous voici loin du « bon plaisir » de Louis le Grand ! C'est maintenant le capitaine, qui, par la promesse de ne rien dire, sauve le Grand Inca, réalisant par là dans la réalité le bénéfice fantasmatique qu'était venu organiser la détention du trésor « valant dix fois la rançon d'un roi ». Le vol n'a plus lieu d'être.

La formule employée par le capitaine : « Que le grand Cric me fasse avaler ma barbe si je lâche un mot à ce sujet » prend son sens du même mouvement de retournement. Nous avons vu que cette formule exprimait le renoncement à être tenu — retenu — par le Roi. Or le silence, dans la situation du chevalier, était une obligation consécutive à l'abandon par Louis XIV : le chevalier ne pouvait pas révéler le secret de son origine puisqu'il n'était pas officiellement reconnu par son père.

Par son serment, au contraire, Haddock met le chevalier en situation d'être abandonné par le Roi au cas où il trahirait le secret. Le silence n'est plus imposé. Il est le geste par lequel le chevalier s'assure de rester indissolublement *uni* au Roi son père.

Voici dénoué le premier secret. Le second, celui du trésor caché, peut maintenant l'être à son tour.

Ici encore, c'est par une inversion de la situation initiale que le dénouement va se réaliser. Alors que le chevalier avait caché à Louis le Grand un trésor, c'est maintenant le Grand Inca lui-même qui donne un trésor à l'héritier du chevalier.

Quant au troisième secret, il n'appartenait qu'à son propriétaire légitime de renoncer à tout droit sur le trésor. Car à quoi servirait-il au chevalier d'être dédommagé d'un secret de sang royal s'il risquait de devoir en partager un autre : l'origine malhonnête du butin, le « sang des Indiens » ?

Ainsi, non seulement le chevalier a-t-il reçu en cadeau

— via le capitaine — le trésor qu'il méritait du Roi-Soleil, mais encore il l'a reçu des mains mêmes de son propriétaire légitime. Comme le dit le proverbe répété par Tournesol à la fin du *Trésor,* « Tout est bien qui finit bien. »

⁂

Il est bien difficile de clore cette étude sans poser quelques-unes des questions jusque-là retenues autour du « fantôme » d'Hergé. Pourtant Hergé lui-même est d'une discrétion absolue au sujet de sa propre histoire. S'il nous parle plus facilement de son intérêt pour les phénomènes paranormaux que de sa propre famille, ce silence mérite d'être respecté. C'est pourquoi les quelques réflexions qui suivent visent-elles plutôt à montrer l'importance du fantôme de Haddock pour Hergé.

1°) « Tintin, c'est moi quand j'aimerais être héroïque. Les Dupondt, c'est moi quand je suis bête. Haddock, c'est moi quand j'ai besoin de m'extérioriser [18]. »

Ainsi Hergé nous confie-t-il qu'Haddock c'est bien lui. Ou plus exactement, comme l'écrit Numa Sadoul, « l'émanation onirique la plus ressemblante d'Hergé ». La couverture de l'interview nous mettait d'ailleurs sur la voie, qui mettait en scène, dans un triple effet de profondeur, la silhouette de Tintin, le profil d'Hergé, et, derrière lui, le fétiche-à-la-bouche-grande-ouverte du chevalier de Hadoque. En arrière d'Hergé y aurait-il le chevalier ? En tout cas, les deux seuls dessins de lui dont Hergé se déclare « entièrement satisfait » concernent Haddock dans deux moments clés de sa relation au fantôme du chevalier [19]. D'abord, la première manifestation des insultes du capitaine, dans *Le crabe aux pinces d'or,* lorsqu'il met en fuite... des voleurs. Et le débarquement du même capitaine sur l'île du chevalier lorsque, sur les traces de son ancêtre, il fait quelques pas sur la plage où l'aïeul débarquait trois siècles plus tôt... et tombe, tout comme l'ancêtre au moment de sa propre arrivée ! Mais ici la chute n'est pas le prétexte à une répétition, c'est-à-dire à une bordée d'insultes réitérant celles du chevalier, elle prélude à une découverte respectueuse : « Messieurs, voici les restes du canot avec lequel le chevalier de Hadoque aborda jadis sur cette île. » Une première pierre est déposée du mystère qui entourait le fantôme du chevalier.

2°) Numa Sadoul a justement pointé l'importance du vol et des oiseaux dans l'œuvre d'Hergé : « " la vision ailée " rime avec l'inquiétude et le danger » écrit-il (*op. cit.*). Parmi ces « visions néfastes » l'aigle du *Trésor de Rackham* fait exception. « Ce dernier oiseau est une incontestable évocation de puissance. Ici pour une fois, l'angoisse est repoussée » (*op. cité*). Nous sommes tentés de faire de cet « aigle » plus que la version positive des angoisses hergéiennes.

Si l'Aigle (avec sa majuscule) est l'aïeul enfin sorti de la crypte d'où il hantait le capitaine (et Hergé !), tous les oiseaux de l'œuvre d'Hergé ne sont-ils pas les manifestations de cette hantise [20] ?

3°) En tout cas, si la libération du capitaine semblait acquise dès 1948, celle de Hergé restait encore à faire. Peut-être jusqu'à *Tintin au Tibet*, où pour la seconde fois dans son œuvre, et comme dans *Le temple du soleil*, les deux héros partent reprendre aux montagnes un être « cher et aimé ».

Cette fois Hergé nous dit de quelles angoisses il a été assailli pendant son travail, puisqu'il alla même jusqu'à consulter un psychiatre... qui lui aurait conseillé de tout arrêter ! Mais écoutons plutôt Hergé : « A cette époque, je traversais une véritable crise et mes rêves étaient presque toujours en blanc. Et ils étaient très angoissants. J'en prenais d'ailleurs note et je me souviens de l'un d'eux où je me trouvais dans une espèce de tour constituée de rampes successives. Des feuilles mortes tombaient et recouvraient tout. A un certain moment, dans une sorte d'alcôve d'une blancheur immaculée, est apparu un squelette tout blanc qui a essayé de m'attraper. Et à l'instant, tout autour de moi, le monde est devenu blanc, blanc. Et j'ai pris la fuite, une fuite éperdue [21]. »

C'est pourtant à ce moment qu'Hergé semblerait réussir pour lui-même ce qui avait été résolu pour le capitaine dans le dénouement du *Temple.* D'abord, il a dit lui-même l'importance de cet album pour se libérer de ce qu'il appelle « ses démons blancs ». « Je me suis accepté. J'ai accepté de n'être pas immaculé [22] »...

Mais surtout sa production se modifie à la fois quantitativement et qualitativement à partir de cette période. Tout d'abord les délais de production des albums s'allongent : de un à deux ans en moyenne, ils passent à trois ans entre le *Tibet* et *Les bijoux* ; à cinq ans entre *Les bijoux* et *Vol 714* ; et enfin à huit ans pour le dernier album, *Tintin et les Picaros.*

Ensuite, et comme nous le verrons, « chaque nouvelle histoire devient un renouvellement par rapport à la précédente [23] », à commencer par *Les bijoux,* cet exercice d'introspection paisible et d'autoparodie qui témoigne de l'ampleur des bouleversements dont la création du *Tibet* a été contemporaine.

Que s'est-il passé alors pour Hergé, et de quelle façon cet album en témoigne-t-il ?

C'est l'avant-dernière page qui nous avait retenu dans l'achèvement du *Temple du soleil,* et effectivement cette conclusion ne nous donnait pas le dernier mot du dénouement pour Hergé. Plus précisément, tout y était... sauf l'émotion, sauf la souffrance. En quelque sorte une répétition générale, un dénouement explicatif. A cette fausse résolution, va succéder, cinq albums plus tard, le terme proprement dit. Après la version comique, la version tragique. Après l'avant-dernière page du *Temple*, la dernière page du *Tibet*.

Un être pleure. Est-ce un être humain ou un animal ? Cet être pleure d'avoir perdu l'enfant qu'il avait sauvé de la mort, qu'il avait soigné, nourri et protégé comme son propre enfant. « Le voilà rendu à sa solitude », dit Tintin, authentifiant ainsi la douleur du Yéti, donnant au cri le sens d'une souffrance intérieure. Quant à Tchang, l'enfant recueilli et sauvé, s'il ne peut pas regretter la compagnie de l'animal, il reconnaît au moins son humanité : « Il a agi avec moi d'une telle façon que je me suis parfois demandé si ce n'était pas un être humain. »

Voilà enfin poussé le cri que le chevalier attendait, cri de la souffrance authentifiant l'amour : « Comme tu me manques Tchang ! » venant en quelque sorte en place du « comme tu me manques mon fils », que le Roi Louis n'avait jamais prononcé. Nous avons vu que c'était ce sentiment jamais formulé par son père qui était le dernier mot de la souffrance du chevalier. Par un nouveau déplacement — mais le dessin est-il autre chose ? — la souffrance du père a été enfin dite par lui-même, reconnue par son fils et authentifiée par un tiers.

Le dévoilement de ce déchirement tragique du père était l'indispensable préalable à son abandon. Pour qu'existe un monde « sans bons ni méchants », un monde placé sous le signe du jeu et de la fantaisie.

*
* *

Epilogue : l'Aigle et le Requin

Le capitaine, fils spirituel du chevalier, a donc été invité par celui-ci à reconnaître la filiation qui l'unit à un père prestigieux et secret. Mais ce père qui aurait préféré l'anonymat, quelle place occupe-t-il dans le récit de Haddock, et dans le récit de Hergé ? Louis XIV, alias Louis le Grand, présent dans le texte, est absent du dessin. « Le Grand Inca » comme plus tard « le grand directeur » de l'usine atomique [24] apportent successivement leur contribution à une image paternelle empreinte de sollicitude. Mais le ressentiment du chevalier s'accommoderait-il d'une image aussi univoque ? Le désir du fils naturel de restaurer sa filiation royale pourrait-il lui faire oublier que ce secret, d'abord, a été maintenu par le père lui-même ?

Nous avons vu que ce secret exclu du champ symbolique du patronyme revenait dans les parchemins sous la forme du langage des images. N'en serait-il pas de même du secret du cœur, secret de l'agressivité du chevalier contre un père menteur par omission de reconnaissance ? Puisque les jurons du capitaine sont la trace vive des sentiments étouffés du chevalier, revenons aux célèbres insultes où nous avons déjà cru possible de déchiffrer les preuves de la hantise.

Et puisque c'est de non-reconnaissance et d'omission dont il s'agit, laissons-nous ici guider non par les insultes dites, mais par les insultes tues. Or les synonymes ne manquent pas qui fassent allusion à la voracité, à la piraterie, et au crime. Mais il n'est jamais question de « requin ». Omission troublante dans la bouche d'un vieux loup de mer cherchant à insulter un pirate ! D'autant plus troublante que le squale, absent du répertoire des insultes, apparaît comme une représentation graphique du danger à deux moments clés des *Aventures* : au tout début du *Congo* où son apparition permet en quelque sorte à Tintin de faire la preuve de l'attachement qui le lie à Milou [25] ; et surtout dans *Le trésor de Rackham le Rouge,* comme gardien de l'épave et du secret qui s'y trouve caché.

Car c'est bien les requins qui, dans le déroulement du *Trésor,* seront la cause des plus grandes inquiétudes des trois amis et la justification de l'intervention de Tournesol [26]. Comme dans une ultime tentative, c'est enfin un requin qui arrachera à Tintin le coffret contenant le secret des parchemins. Mais l'alcool, une fois de plus, viendra au secours de la mémoire et l'animal assommé par une bouteille de rhum rendra les documents que Tournesol pourra déchiffrer, permettant la découverte de Moulinsart, du trésor et finalement du secret.

L'absence d'intervention métaphorique du mot « requin » jointe au rôle de la représentation de l'animal comme gardien du secret constituent, à mon avis, l'indice majeur de la place du squale comme figure symbolique du père de l'ancêtre.

Ce père ne s'est-il pas en effet comporté *en secret* (c'est la condition du fantôme) comme un *requin* ? Et c'est bien justement parce que son fils a dû taire à la fois ce secret et ce silence que le squale — roi de la mer — pourrait bien être le déguisement sous lequel le père indigne et honteux viendra, jusqu'à la fin, tenter de tenir le capitaine éloigné de sa découverte.

Nous avons vu que c'est avec *Tintin au Tibet* que le destin malheureux de l'aïeul (et la culpabilité qui l'entourait) sera enfin réparé à travers la mise en scène d'une situation de sens opposé : un père y pleure la séparation d'un fils (fils adoptif mais fils tout de même), et le cri que le chevalier attendait de son géniteur est enfin prononcé.

Or c'est justement l'album précédent qui marque la fin de l'animal : dans *Coke en stock,* un requin (véritable) avale la mine qu'un autre requin (nom de code d'un sous-marin, cette fois) destinait aux héros. La bête explose. Il n'en sera plus jamais question.

Ainsi la possibilité d'un père innocent et aimé d'affection réciproque, dans *Tintin au Tibet,* succède-t-elle à la fin du requin (c'est-à-dire du père coupable) dans *Coke en stock.*

Si l'aigle représentait l'aïeul aux prises avec la culpabilité de son père, le requin, lui, incarne bien jusqu'à sa fin brutale, juste avant le dénouement hergéien, l'image du père fautif et menteur, ultime gardien du secret.

Pourtant, ce serait méconnaître l'inconscient et ses ruses que de croire que les apparitions de l'animal constituent la seule manifestation de cette hantise. Si le chevalier dérobe un trésor à Rackham, c'est, avons-nous dit, à la fois pour signifier et pour remplacer le trésor de ses origines que son propre père lui aurait en quelque sorte ravi. Si la richesse prise à Rackham vient compenser celle que son père lui a volé, le pirate ne vient-il pas comme un équivalent de ce père ?

Le bandit dont le nom, à l'égal de celui du Grand Roi, doit faire trembler la terre entière, est l'incarnation de la face honteuse du père, cachée à tous et connue du seul chevalier.

La signification contenue implicitement dans la valeur du trésor (de permettre à Hadoque de sauver son Roi) trouve à son tour un équivalent dans le fait que le pirate, son navire une fois coulé, ne doive son salut qu'à utiliser celui du chevalier.

L'agressivité que ce dernier a dû taire contre le Grand Roi, la voici donc qui *explose* contre Rackham, contre cette autre figure paternelle où se donne ouvertement à voir, et comme dans le cas du requin, le visage du crime. Certes, c'est bien en état de légitime défense que le chevalier tue l'incarnation de la culpabilité paternelle, mais quelle rage et quel plaisir mis à l'étriper !

Le père de l'aïeul, « requin » (c'est-à-dire déjà pirate), se précise ici sous les traits de Rackham. Mais la coïncidence de sonorités entre ces deux mots pourrait bien nous mettre sur la voie d'une *association phonétique propre à rendre compte par son seul retour, des manifestations successives du fantôme dans les « Aventures »*. Une association phonétique dont le « R » pourrait bien être, en même temps que la première lettre, le son le plus caractéristique [27].

L'île noire, déjà, devait sa hantise à un gorille nommé... Ranko ! L'association phonétique se précise, comme le raclement caractéristique des chaînes d'un revenant, et capable, à lui seul, d'évoquer l'esprit du disparu, et sa faute : « R » et « A ».

Reprenons donc les *Aventures* par le début.

Dans *Les cigares du pharaon,* où apparaît la première mise en scène d'une relation filiale, le père est le mahaRAdjah de RAwajpoutalah. Ainsi se trouve redoublée, dans la nomination de l'identité paternelle, l'association des sons « R » et « A » déjà présente par deux fois dans le titre de l'album.

Dans *Le lotus bleu,* nous apprendrons que le ravisseur du fils du maharadjah s'appelait RAstapopoulos. Quant à l'ennemi le plus dangereux des Chinois et de Tintin, il s'appelle, dans cet album, MitsuhiRAto. De même, le poison qui rend fou — en faisant perdre la mémoire ! — est le RAdjaïdjah.

Dans *L'oreille cassée,* où sont posés les thèmes repris ensuite dans l'élaboration du travail du fantôme, le général qui considère Tintin comme un fils, puis qui cherche sa mort, s'appelle AlcazAR ; le sculpteur qui est à l'origine de l'aventure, BalthazAR ; et le bandit qui menace à plusieurs reprises Tintin avec sa navaja, RAmon ZaRAte.

Après *L'île noire,* et Ranko, il y a *Le sceptre d'Ottokar* (dans lequel est symbolisé pour la première fois l'effet dans le présent d'une phrase prononcée quelques siècles auparavant), puis *Le crabe aux pinces d'or...* Après le « R » et le « A », le « K » ne serait-il pas la troisième lettre à « voguer de conserve », dans les *Aventures,* à la mémoire de l'ancêtre ? Cet album, qui voit apparaître le capitaine et, à travers lui, les premières manifestations de sa hantise, n'est-il pas également celui où devrait se préciser la présence du père de l'aïeul, cause première de la souffrance du chevalier et coupable dernier de toute l'affaire ?

L'histoire commence lorsque Milou déniche dans une poubelle (où fouille un récupérateur en tout genre, c'est-à-dire une espèce de brocanteur, déjà !) une boîte de crabe. La seconde scène fait découvrir à Tintin un nom inscrit sur l'étiquette de la conserve, Karaboudjan. Embarqué en cachette sur le navire qui porte ce nom, le héros y rencontre le capitaine Haddock avec lequel il s'échappe, et les deux hommes s'égarent au Maroc. « KRAb », « KARAboudjan », « mARoK », ... qui viennent après « OttoKAR » et « RAnKo », se préciseront ensuite en Rackham (« RAKam ») et requin (« ReKin ») dont nous avons fait notre point de départ, et dont certaines sonorités se retrouvent également dans Haddock (« AdoK »). *Le crabe,* album où apparaît le capitaine, est décidément bien celui où se révèlent à la fois la présence bruyante du chevalier (à travers les injures de son descendant), et la présence muette de son père (affleurant dans les sonorités qui y sont privilégiées). Au début, Milou y cherchait un os dans une poubelle ; il a déclenché l'exhumation d'un mort ! Le petit chien a bien mérité, à la fin, de recevoir d'un admirateur un tibia de taille... royale [28] !

Les *Aventures* continuent avec *Les sept boules de cristal*, et le geste de Tournesol se passant au poignet le bracelet de Rascar Capac (« RAsKAR KApAK »). La momie, si étrangement présente par le regard que Tournesol échange avec elle [29], inaugurerait-elle l'humanisation progressive du père de l'ancêtre, pas encore vivant, mais plus tout à fait squelette ? Rascar, en tout cas, conduit au Grand Inca (« gRAnd inKA ») en qui nous avons reconnu la première incarnation du père du chevalier. La suite, nous le verrons, concerne d'autres problèmes, centrés sur le professeur et la filiation maternelle. Mais la sonorité caractéristique reviendra encore, après *Les bijoux*, et dans *Vol 714*, sous la forme d'un sexagénaire notoire et grotesque : Carreidas (« KARreidas »). L'infecte milliardaire finalement rossé par Tournesol n'est-il pas l'ultime incarnation dérisoire d'une autorité paternelle capricieuse et... menteuse ?

Nous ne nous étonnerons pas que les héros, à sa suite, se retrouvent à nouveau dans une île, ni qu'il y soit question de secret, puis de faute. Le sérum du docteur Gespel, destiné à faire dire au célébrissime son secret, ne réussit qu'à lui faire avouer qu'il est... une crapule ! Tel est bien en effet le secret du père de l'ancêtre, crapule d'une paternité non reconnue ! Ultime version de la parabole, les trois héros découvriront finalement un secret concernant les origines de... l'humanité, et se retrouveront condamnés à l'oublier... par suggestion hypnotique !

A l'image des bas-reliefs figurant les extra-terrestres,

le dessin ne serait-il pas destiné à commémorer une mémoire sans nom ? Pour ouvrir le corridor qui mène aux richesses cachées, il faut, ici, et comme à la fin du *Temple,* appuyer sur un « œil ». Serait-ce pour mieux apercevoir ce que personne ne voit que Tournesol serait sourd ?

Au terme de son parcours graphique, c'est par un nom pourtant qu'Hergé nous délivrera son dernier message, et la dernière pièce du puzzle de la généalogie des Haddock.

Dans *Tintin et les Picaros* (« *PiKARos* » !), en visite chez le blanc Ridgwell qui vit au milieu des indigènes (comme le chevalier jadis sur son île), le capitaine perd soudain la mémoire, et... retrouve celle de son ancêtre ! Le voici qui prend la pose dans laquelle apparaissait François de Hadoque douze albums plus tôt : une bouteille de whisky lui sert de longue vue. Il regarde à travers le goulot. Que voit-il ? Il s'écrie : « Mon bateau s'est envolé ! » Tel fut bien en effet le sort de la *Licorne,* projeté dans les airs sous l'effet d'une formidable explosion ! Le chevalier lui-même a dynamité son propre navire. C'est déjà ce que le capitaine, ivre, nous avait expliqué au début du *Secret.*

Mais ici, ce n'est plus le contenu de la bouteille qui est responsable de la métamorphose. Le capitaine, s'il pense toujours à l'alcool, ne s'enivre plus. Tournesol y veille. La cause de la transformation est une simple bouteille vide jetée par un singe qui semble, lui, n'avoir rien oublié de l'accueil réservé à Haddock dans l'île de la *Licorne.* Une bouteille vide, autrement dit un « cadavre ».

« Quel est mon nom ? », demande l'amnésique. « Haddock », répond Tintin. « Et mon prénom ? » « Archibald ».

Le capitaine nommé pour la première fois dans son

état civil, est, par ces trois syllabes, définitivement différencié de son homonyme le chevalier. Trois syllabes, comme il y avait trois licornes, parce qu'il y avait trois générations concernées par le secret des Hadoque, le père royal, son fils le chevalier condamné au silence, et le capitaine condamné aux jurons et à l'alcoolisme. Mais la première des trois restitue également à notre oreille (et d'autant plus si nous les prononçons en espagnol) le bloc sonore que nous avons appris à tenir pour caractéristique de la présence du père du chevalier : ARKibald.

Ainsi se trouve enfin symbolisée, pour qui n'est pas sourd, la filiation qui lie le capitaine au père du chevalier, et du même coup authentifiée la filiation jusque-là secrète qui unissait le chevalier à celui-ci. Le capitaine, déjà « fils spirituel » du chevalier, est clairement désigné par cette trace symbolique comme « petit-fils spirituel » du père royal. Par où le chevalier lui-même se trouve bien confirmé en être le fils.

1948-1952
TOURNESOL « DECOLLE »
ou
LA QUESTION DE L'ATTACHEMENT MATERNEL

Après les questions de Haddock sur la présence d'un père à son fils, Tournesol se tourne vers la solitude et l'abandon lunaire. Pour mener à bien « l'œuvre de sa vie », il choisit la Syldavie. « S'il doit vie », qui résonne déjà comme une question sur les origines. Les indications du pendule, comme celles des parchemins, ne sont éclairantes que pour qui sait les prendre dans leur sens figuré : « L'Est » de Tournesol, après « L'Ouest » du capitaine, pourrait bien signifier d'abord l'autre côté. Et puisque le côté Haddock concernait la question paternelle, il n'est pas absurde de penser que cet autre côté concerne le questionnement hergéien autour de l'autre parent, c'est-à-dire de la mère [1].

Comme le pendule des Dupondt, les *Aventures* oscillent donc du capitaine au professeur, nous entraînant d'un questionnement autour du paternel à une interrogation sur le maternel. Ainsi en est-il de l'analysant en cure pour qui l'élaboration de représentations liées au père constitue un jalon dans la progression vers les territoires oubliés de la première relation avec la mère. Autant dire que l'intime proximité avec l'autorité paternelle dont le professeur a fait preuve dans la quête du trésor de la maison des Haddock va s'avérer ici plus que jamais nécessaire. Et c'est à s'assurer, et à nous assurer, que Tournesol, de ce côté-là, n'est pas dépourvu d'appuis, qu'Hergé va d'abord s'employer.

⁂

C'est dans *Les sept boules de cristal* que le nom du professeur va recevoir une illustration littérale.

Alors que les amis sont rassemblés dans le salon du professeur Bergamotte, une boule de feu entre par la cheminée et volatilise la momie de Rascar Capac, autrement dit « celui-qui-déchaîne-le-feu-du-ciel ». Au passage, l'éclair entraîne Tournesol dans un tourbillon puis le dépose, toujours assis sur sa chaise, au milieu de la table du salon. Ainsi le professeur, associé par la momie à sa propre assomption triomphante, est-il déposé par elle sur une estrade improvisée qui n'est pas sans évoquer la tribune d'où le Grand Inca présidera, à la fin du *Temple,* au déchaînement du feu purificateur sur les trois héros.

Pourquoi tant d'honneur ? Que signifie la place royale que Rascar fait, dès leur rencontre, au savant ? Cette place privilégiée paraît à vrai dire d'emblée réciproque : Tournesol, introduit en même temps que Haddock et Tintin dans le salon de Bergamotte, ne détourne plus son regard des yeux vides de la momie. Le caractère étrange de leur rencontre est souligné à la fois par les gouttelettes entourant le visage stupéfait du savant (est-ce de l'étonnement, est-ce de l'effroi ?) et par le silence qu'il garde tout au long des deux pages qui suivent. Le professeur, face au visage momifié, semble se momifier à son tour. Un coup de tonnerre le fait sortir de sa torpeur : c'est pour demander à son hôte d'ouvrir la « porte au visiteur » ! Plus tard, confronté en même temps que ses amis au cauchemar de Rascar, il nomme l'horrible momie d'une expression singulièrement humaine : « L'indien que nous avons vu en bas. » L'étrange rencontre entre le visage statufié de l'Inca et le visage immobile du savant pourrait bien avoir été une rencontre familière !

Rascar, en élevant le siège du professeur, signifie en tout cas le lien qui les unit l'un à l'autre. Il ne reste plus à Tournesol qu'à y répondre. C'est ce qu'il fait en se passant au poignet le bracelet de la momie. « Il me va à ravir » ajoute le savant. « Je vais le mettre et aller me promener ainsi. » Fier comme une jeune mariée, en quelque sorte. Effectivement, l'enlèvement succède au ravissement. Les serviteurs du Soleil emportent Tournesol pour l'offrir en noces brûlantes au Soleil...

Tintin et Haddock se lancent à la poursuite des ravisseurs. Il s'avère que le professeur semble les suivre de son plein gré. Aurait-il été drogué ? Le profanateur transformé en élu par son geste a droit en tout cas à tous les honneurs. Le Dieu du Soleil, après avoir ravi aux hommes la momie de Rascar dans le salon de Bergamotte, convie à le retrouver celui qui a pris sa place : Tournesol, à moitié vivant, à moitié momie, qui fixait le regard vide du cadavre comme à la recherche de sa propre image. Après Rascar, la petite momie au sourire sardonique, le petit savant devient à son tour l'enfant chéri du Dieu du Soleil et de la Foudre, son môme, ou son lascard.

Face à Haddock-Hadoque en quête de l'affection et de la reconnaissance paternelle, Tournesol représente décidément celui qui les trouve, même si c'est ici sous la forme d'une autorité divine et sanguinaire. Et « celui-qui-déchaîne-le-feu-du-ciel » n'est pas loin d'évoquer par ce nom le Zeus des anciens Grecs et le Jupiter des Romains, c'est-à-dire les figures traditionnelles de la mythologie paternelle.

Il faudra attendre *Objectif lune* pour que ce père descende sur terre, et révèle du même coup son humanité. Ce sera sous les traits de Baxter, grand directeur de l'usine atomique syldave et père spirituel du projet lunaire.

***

Touchante présence que celle de Baxter : chaude et autoritaire à la fois. C'est lui qui nomme Tournesol chef de la section astronautique. Lui qui prodigue encouragements et conseils à chaque moment difficile des préparatifs, puis de l'expédition. Lui enfin qui veille à assurer aux explorateurs le meilleur départ et la meilleure arrivée possible tout en maintenant avec eux un contact verbal permanent. Une libre interprétation phonétique de « Baxter » ne nous révèle-t-elle pas des sonorités qui sont à la fois celles du mot latin « pater », signifiant père, de l'expression « base à terre », et de l'injonction de « ne pas se taire », qui est la première règle de toute psychanalyse ? Parler, mais aussi entendre. Tournesol ne s'y trompe pas. Alors que dans *Les sept boules de cristal*, c'était un objet symbolique — un bracelet — qui venait sceller l'alliance avec le représentant paternel, c'est ici — signe de l'évolution accomplie entre les deux albums — un échange de paroles : Baxter parle... et Tournesol comprend ! Pour la première fois, le sourd n'est plus sourd [2] ! Bien sûr, la suite nous révèle qu'il ne s'agissait que de l'effet d'un appareil acoustique que le professeur s'est finalement décidé à adopter. Mais le phénomène apparaît bel et bien extraordinaire à Haddock, tout comme au lecteur, à qui l'appareil reste dissimulé jusqu'à la page suivante. La justification donnée par le professeur à la prothèse toujours refusée auparavant n'est pas moins intéressante : « Un appareil pour entendre les instructions de la radio pendant le voyage. » La radio, c'est-à-dire la terre, c'est-à-dire... Baxter. Or la surdité était le moyen par lequel le professeur assurait son retranchement du monde. En y renonçant, il accepte la confrontation avec lui, c'est-à-dire qu'il en assume d'avance les surprises. Mais en cessant d'opposer à tous la barrière de son opacité acoustique, il devra également faire l'apprentissage de nouvelles protections. C'est sur le chemin de cette autonomie que le professeur sera amené à faire ses premiers pas sur la lune, et une étrange découverte... Mais patience, car l'auteur avance à pas feutrés... et il nous faut nous-même suivre les méandres de son élaboration si nous voulons respecter son propre rythme. Car sans cette manière qu'il a eu de travailler — et de laisser travailler — le temps, sa recherche (et là encore comme dans une aventure psychanalytique) n'aurait sans doute jamais atteint sa limpidité finale. C'est pourquoi, pour le moment, confrontons-nous d'abord, avec Tintin et Haddock, à la menace la plus grave qui ait pesé sur l'expédition lunaire, celle de l'oubli.

⁂

Ce sont les souvenirs du capitaine qui avaient mis les trois héros sur le chemin de la découverte du *Secret de la Licorne.* De la même façon, l'exploration lunaire est soumise par deux fois à l'épreuve de la mémoire. A la page 14, par la disparition des plans jetés par distraction dans une corbeille à papier (c'était à la même page 14 que Haddock retrouvait le manuscrit du chevalier dans *Le Secret de la Licorne*) ; puis par l'épisode amnésique de Tournesol.

A vrai dire, l'analogie des deux albums par lesquels s'inaugurent respectivement la quête du professeur et celle du capitaine est troublante. Au fil des trente-huit premières pages de chacun, les analogies et les symétries de construction se répètent : l'arrestation d'un squelette par les Dupondt dans *Objectif lune* vient même rappeler le thème de la culpabilité du mort, centrale à l'intrigue du *Secret*. Mais c'est à la page 26 des deux albums que se situe le parallèle qui confirme à la fois Baxter dans son rôle de figure paternelle, et Haddock dans ses sentiments à son égard. Dans *Le secret de la Licorne*, le chevalier tuait Rackham d'une rage dirigée en fait contre l'injustice de son propre père, puis il faisait exploser son propre navire dont les pirates s'étaient emparé. Dans *Objectif lune* c'est le capitaine encore qui hurle sa rage contre les « pirates » qui ont dérobé les plans de la fusée. C'est finalement Tintin qui la fera exploser pour éviter qu'elle ne tombe aux mains de leurs ennemis, renouvelant ainsi le geste du chevalier. Mais d'abord le capitaine, tout à sa rage, aura fait exploser... la chaise sur laquelle Baxter était installé ! Ainsi Baxter, figure paternelle bienveillante, paie-t-il de la main de Haddock la faute commise par le père du chevalier, et encore de façon semblable à celle dont Rackham le Rouge (figure paternelle cruelle tout comme Rascar Capac) avait lui-même commencé à la payer quatre siècles plus tôt. Mais la colère d'un fils contre son père, même ainsi déplacée, n'est pas chose aisée. De même que la joie du chevalier à avoir occis Rackham et ses complices était immédiatement suivie de sa propre chute (sa barque en accostant le renversait), de même le geste de Haddock provoquant la chute de Baxter est-il suivi de la chute du capitaine lui-même. « Que tu sois puni toi-même du mal que tu as infligé (ou imaginé) à autrui », telle est l'ancienne justice du talion, la seule que connaisse le fonctionnement psychique inconscient...

La suite de l'aventure nous montrera encore Haddock enfermé dans un sas, comme Tintin dans la crypte de Moulinsart, et comme lui condamné au silence puisque sa radio ne fonctionne pas... Puis surviendra un changement décisif.

L'exploration lunaire qui était jusque-là présentée comme un objectif scientifique de Tournesol découvre soudain son identité profonde, à l'image de l'exploration de Haddock où la recherche du secret de l'ancêtre se révélait peu à peu être une quête de soi-même. Nous ne serons pas étonnés que le capitaine soit, ici, le catalyseur de ce dévoilement. Juste retour des choses quand on se rappelle le rôle joué par Tournesol dans la recherche du capitaine bien avant que sa métamorphose ne vienne nous le confirmer. « Vous voulez aller sur la lune ?... Eh bien allez-y ! Mais sans moi, tonnerre de Brest ! ... Moi, je retourne à Moulinsart. » Tournesol sur la lune, Haddock à Moulinsart, le capitaine ne pouvait être plus explicite ! A l'image du château familial où le secret de ses origines a été enfoui puis dévoilé, les cavernes lunaires pourraient bien se révéler être les catacombes de quelque secret méconnu de Tournesol lui-même. La colère du professeur constitue le premier pas vers cette mise à jour. Traité de zouave par le capitaine, il se métamorphose ! Le doux rêveur, le savant « toujours un peu dans la lune », comme dira la Castafiore dans l'album suivant, se transforme soudain en lutin échevelé et hargneux. Une colère qui n'a rien à envier à celles de Haddock, en quelque sorte ! Mais n'est pas Haddock qui veut. Le professeur, alors même qu'il est en train de conseiller au capitaine de ne pas « tomber »... fait une chute qui le plonge dans un état cataleptique. Autant dire que son accès de susceptibilité est immédiatement compensé par un épisode de totale indifférence. Après l'excès d'activité, c'est l'excès de passivité. Après Tournesol qui « sait tout et qui a tout prévu », c'est Tournesol qui ne sait plus rien. Il doit tout réapprendre. La transgression de sa réserve habituelle devrait-elle s'équilibrer — se punir ? — d'un excès en sens inverse ? Le voilà en tout cas transformé en momie, et pour de bon cette fois !

Serait-ce le prix qu'il doit payer pour avoir laissé exploser contre le capitaine une rage habituellement soigneusement contenue ? En tout cas, la surdité et la distraction du professeur lui évitent bien des déceptions, à commencer par le refus de son sous-marin par lequel débutait *Le trésor*. Autant dire, à voir ce qui se passe ici, qu'elle lui évite bien des colères... c'est-à-dire bien des accidents.

Le capitaine quant à lui va une nouvelle fois prouver son bon cœur en s'ingéniant à réveiller le dormeur. Il ira jusqu'à se déguiser en cavalier (en chevalier ?) puis en fantôme ! Mais les préoccupations secrètes du professeur ne sont pas celles du capitaine : et c'est finalement le mot qui a provoqué l'accès de rage qui se révèle le plus sûr moyen de pouvoir dégager Tournesol du marécage somnambulique où il s'est enfoncé. Comme au jeu de l'oie, il ne sortira de sa prison que lorsque quelqu'un d'autre passera dans la case par où il y est tombé. C'est Haddock, bien sûr, qui chute, jure et le sauve. Mais il fait plus : car le mot magique qui rend à Tournesol sa colère et sa personnalité, le capitaine l'a, cette fois, employé pour se désigner lui-même : « J'en ai marre de faire le zouave ! », crie-t-il au professeur. Et celui-ci de répondre comme en écho : « Je ne suis le zouave de personne ! » La métamorphose du professeur ne disparaît pourtant pas sans laisser de trace. Car si le mot par lequel l'amnésie est levée est le même que celui par lequel s'était inaugurée sa fureur, Tournesol, dans le second cas, entend ce mot sans l'aide d'aucun appareillage. La page suivante nous le montre effectivement stupéfier Haddock en répondant correctement aux indications de Baxter. « Vous avez vu, il n'est plus sourd », dit le capitaine à Tintin, prolongeant ainsi ses exclamations de la page précédente : « Il est guéri ! Il est guéri ! » Doublement guéri en effet, de son amnésie et de sa surdité. Si Tournesol peut maintenant entendre, est-ce parce qu'il a dit sa rage, parce qu'il a parlé ? L'album suivant, le second du cycle Tournesol qui, comme le cycle Haddock, en comporte deux, va en tout cas nous confronter une dernière fois à son choix de se taire.

⁂

Dans *Le trésor de Rackham le Rouge,* c'est au dernier moment que les Dupondt s'embarquaient. Dans *On a marché sur la lune,* c'est encore sans y avoir été conviés qu'ils se retrouvent du voyage. Dans les deux cas également, l'expédition connaît un rebondissement avec la découverte d'un passager clandestin : le providentiel Tournesol dans *Le trésor,* le diabolique Boris Jorgen dans *On a marché sur la lune.* Mais c'est à partir du débarquement que les analogies entre les deux albums prennent un relief troublant, lorsque les premiers pas sur la lune, à la page 25, répondent aux premiers pas sur l'île de l'ancêtre, à la même page 25 du *Trésor de Rackham le Rouge.*

Dans les deux cas, l'arrivée est placée sous le signe de la mort. Dans l'île, c'était la découverte des squelettes des indigènes. Sur la lune, la chute toute proche d'une météorite vient rappeler aux héros la menace d'être à tout moment anéantis. Puis la découverte du fétiche sculpté par les insulaires après le départ du chevalier correspond à la description des premières angoisses des cosmonautes. Enfin, la mise en route du char lunaire coïncide, à la page 32 du second album du cycle Tournesol, avec celle du sous-marin du professeur, à la page 32 du *Trésor de Rackham le Rouge.* Les analogies se précipitent encore dans les pages suivantes. Dans les deux albums, la communication est interrompue entre Haddock et Tintin (page 34 des deux albums). Dans *Le trésor de Rackham le Rouge,* Tintin est ensuite retenu prisonnier par un enchevêtrement d'algues alors qu'il explore la mer à la recherche du secret du chevalier (page 35). Dans *On a marché sur la lune,* il tombe dans une crevasse où il s'était lancé à la recherche de Milou (page 35 également). Le sauvetage de Tintin par Haddock et Tournesol dans le premier album coïncide ensuite avec celui de Milou par son maître dans le second. Puis la symétrie est rétablie : Haddock jette une corde à Tintin dans les deux cas, et dans les deux cas il était temps car celui-ci commençait « à respirer difficilement » (page 37 des deux albums). Le départ pour une nouvelle expédition signifie enfin l'achèvement du parallèle : aux prises avec les requins et le secret du chevalier, Tintin et Milou repartent explorer l'épave de la *Licorne.* Au contraire, sur la lune, ce sont Haddock, Tournesol et les Dupondt qui s'engagent sur la voie des grottes découvertes par Tintin.

Or nous avons vu que c'était justement à la page 39 de *Objectif lune,* au moment où s'interrompaient les analogies entre le premier album du cycle Tournesol et le premier album du cycle Haddock, que se situait le moment capital du changement de personnalité du professeur, préludant à son amnésie mais aussi à la « fin », au moins temporaire, de sa surdité. Dans *On a marché sur la lune,* à quel événement concernant le professeur correspond la fin des analogies avec *Le trésor de Rackham le Rouge ?* Question d'autant plus importante que, si elle survient bien également à la page 39 des deux albums en cause, cette fin des analogies correspond également ici avec leur accentuation dans la dizaine de pages qui précèdent.

La seule surprise, à vrai dire, semble concerner Tintin plutôt que Tournesol. Lancé sur les traces de Milou, le reporter découvre... de la glace ! Découverte extraordinaire, non pas du fait de son caractère fantaisiste (le genre autorise tout), mais à cause de la symétrie de construction que nous avons relevée : car cette découverte correspond page à page à celle de l'épave du vaisseau la *Licorne,* premier pas vers le dévoilement du parchemin de la donation, la découverte du trésor, puis celle du secret du chevalier. C'est cette symétrie rigoureuse qui nous autorise à penser que la glace lunaire joue dans le questionnement d'Hergé autour de l'instance maternelle un rôle au moins aussi important que la découverte de l'épave par le même Tintin dans l'exploration de la filiation paternelle. Et effectivement, cette glace une fois introduite dans le récit va devenir l'objet d'un enjeu inattendu. Car Tournesol, en signalant à la terre « les grottes découvertes par Tintin » et leur très grand intérêt scientifique, ne fait aucune allusion à ce qui a pourtant été présenté à juste titre dans les pages précédentes comme une découverte spectaculaire. C'est l'importance du secret dans le cycle Haddock et la construction symétrique des deux albums qui nous pousse encore à faire du silence dont Tournesol entoure cette glace un élément fondamental des albums du cycle lunaire. Car si le professeur ne faisait aucune mention de l'épisode dans sa communication à la terre (et à plus forte raison si nous ne le voyions faire aucune communication du tout), nous serions en droit de supposer que la découverte a bien été transmise, de même que nous sommes fondés à penser qu'Haddock et Tintin la lui ont communiquée. Mais le fait que Tournesol mentionne les grottes en attirant l'attention de la terre sur une autre information (la présence de « métaux rares » que rien dans le récit ne laissait attendre) donne à son intervention des allures de rideau de fumée ! Sans parler de mensonge, c'est bien pour le moins de *secret* dont il s'agit ici. Tournesol aurait-il organisé le voyage pour s'assurer de cette information, lui qui est justement qualifié « d'être dans la lune » ? En tout cas, le secret sera gardé : Wolff, le seul qui aurait pu l'éventer, meurt pendant le retour...

Quant au professeur, parti se rendre compte par lui-même avec Haddock et les Dupondt, il connaîtra, à tenter d'approcher le mystère, la plus grande frayeur de sa vie : sa propre fusée part sous ses yeux, l'abandonnant au silence et à la mort. Le paysage lunaire, comme plus tard le désert glacé du *Tibet*, sert effectivement de décor aux évocations les plus dramatiques qu'Hergé nous ait proposées de l'angoisse de séparation. Alors que la seconde moitié du *Trésor* était relativement paisible (la découverte de l'épave, le retour à terre, le déchiffrage des parchemins, l'achat de Moulinsart, puis la découverte du trésor), jamais les trois héros n'auront été aussi menacés qu'à la fin de *On a marché sur la lune*. Le capitaine même en mourra... avant d'être ressuscité par la prononciation du nom de son alcool préféré, « whisky [3] ». Par où nous voici invités, une fois de plus à accorder aux mots, chez Hergé, leur poids d'importance ! Aux mots dits, et aux mots tus..., car le professeur n'a pas fini de nous étonner.

L'album suivant, *L'affaire Tournesol*, nous révélera en effet qu'il a mis toute son énergie depuis son retour sur la terre à mettre au point — mais cette fois dans le plus grand secret de ses deux amis — une arme nouvelle dont la principale victime sera en fait... le capitaine lui-même [4] ! En risquant leur vie pour le sauver, Tintin et Haddock feront la preuve que leur amour est plus fort que l'agressivité secrète du professeur capable, dans l'isolement de son laboratoire, de lui inspirer le projet d'une arme terrifiante. Ainsi la voie sera-t-elle ouverte, conduisant Hergé à s'accepter lui-même dans toute la complexité de ses sentiments. Quant à Tournesol, il deviendra dans *Vol 714 pour Sydney* un redoutable batailleur, affirmant son goût pour les « vrais » sports de combat, et sa nette préférence pour le « coup de pied dans la figure » ! « Sa grande spécialité », ajoute-t-il encore ! La suite nous montrera qu'il fallait prendre ces menaces au sérieux puisque, giflé par le milliardaire Carreidas, il le corrigera sévèrement [5]. Aucun accident ne viendra cette fois sanctionner sa colère. Il est vrai qu'entre-temps, il y aura eu *Tintin au Tibet,* puis les *Bijoux de la Castafiore...*

Car de même que le questionnement lié au père précédait le questionnement lié à la mère, c'est seulement après avoir donné aux enjeux de la filiation paternelle tout leur poids affectif, dans *Tintin au Tibet,* qu'Hergé mettra enfin face à face le personnage chargé de le représenter lui-même avec l'unique héroïne de son œuvre.

1963
BIANCA CASTAFIORE
ou
LA FEMME ET SON BIJOU

Bianca Castafiore est incontestablement avec Haddock le personnage hergéien qui a mobilisé le plus grand nombre de commentaires. Importante, la cantatrice l'est assurément à plus d'un titre, et pas seulement par son volume sonore : après une intervention fugitive, mais déjà déterminante, dans *Le sceptre d'Ottokar* (elle sauve Tintin d'un guet-apens), le personnage ne cesse en effet de multiplier ses entrées : toujours aussi surprenante dans ses arrivées, toujours aussi présente dans ses apparitions, toujours aussi imprévisible dans ses propos. L'album du dénouement hergéien, et pour beaucoup son chef-d'œuvre — *Les bijoux de la Castafiore* —, est bâti autour d'elle. Et l'ultime album de la série — *Tintin et les Picaros* — nous montre les trois héros hergéiens, Tintin, Haddock et Tournesol, se lancer de concert à la recherche de leur héroïne. Preuve était qu'ils l'aimaient bien, et Hergé avec eux sans doute. Pourtant un personnage de B.D. aura rarement été autant critiqué : les deux derniers ouvrages actuellement parus sur Hergé en font dans le meilleur des cas une virago, et dans le pire une malade, plus précisément une névrosée perturbée dans sa sexualité, en un mot une « hystérique [1] ».

Quant aux commentaires qui ont accompagné dans la presse la sortie des *Bijoux*, sommet de la carrière de la

Castafiore, ils n'étaient pas plus tendres. Un tel acharnement ne s'explique bien sûr que parce qu'à travers la chanteuse, c'est son auteur, Hergé, qui est visé.

Ceux qui suspectaient Hergé de misogynie n'ont pas manqué de voir dans cet album une preuve accablante : « Voilà enfin dévoilée l'image secrète qu'Hergé se faisait des femmes ! Une cantatrice castratrice et futile qui offre à chaque page de nouvelles variations grotesques sur le thème de son narcissisme ! » Telles ont été, à peine caricaturées, nombre de réflexions !

Il est vrai qu'Hergé, dans cet album, nous donne à comprendre de lui-même plus que dans ses albums précédents. Une partie de ce dévoilement est conscient : Hergé y parodie quelques-uns de ses propres procédés de mise en scène, et il a lui-même insisté sur le caractère résolutoire de cet album dans son évolution personnelle. De plus, en enfermant les aventures de ses héros dans le cadre de Moulinsart, il renonce aux voyages qui ont fait le succès de *Tintin* — et du petit reporter, le type même du globe-trotter — en même temps qu'aux multiples déplacements de sens que ceux-ci lui permettaient. L'aventure, pour la première fois, est réduite aux dimensions d'un drame familial. Nous serons donc amené, et puisqu'Hergé lui-même nous y invite, à faire à l'auteur une place plus importante que dans les études précédentes.

Et tout d'abord, puisque cet album fait coïncider, sous le pinceau d'Hergé, une parodie de la femme avec une autoparodie de ses propres procédés de dessinateur [2], c'est cette rencontre qu'il convient d'interroger. Voici en effet Hergé et la Castafiore réunis dans la dérision le temps d'une aventure. Mais nous savons que le mot est ambigu... et plus encore s'il s'agit comme ici d'une aventure domestique ! Si Hergé caricature ses propres procédés d'auteur dans le moment où il caricature son unique héroïne, ne réunit-il pas en quelque sorte leurs deux destins ? Et n'est-ce pas là le signe que sa relation avec cette femme est chargée de plus de sympathie qu'il n'y paraît ? Au moins autant que la représentation apparemment négative de la femme et de la mère, c'est ce lien secret qu'Hergé établit dans le même temps avec elle que nous allons devoir interroger. Dans un premier temps au moins, les rapports que la Castafiore entretient avec les autres personnages devraient pouvoir nous mettre sur la voie. Or la cantatrice ne tient à rien, ni à personne, autant... qu'à ses bijoux.

⁂

Toute « narcissique » qu'elle soit, la Castafiore n'utilise pas ses bijoux pour s'en parer : si elle « rit de se trouver si belle en ce miroir », les bijoux, toujours sous clef, n'y sont pour rien. La relation qui l'unit à eux n'est pas non plus financière. Ne nous est-il pas rappelé à plusieurs reprises qu'ils ne sont pas « assurés » ? Alors que représentent-ils, ces bijoux ? La symbolique analytique la plus classique voit volontiers dans le « bijou » de la femme la métaphore de son sexe. Cette émeraude aux couleurs changeantes que la chaste fleur croit toujours avoir perdue pourrait bien alors être le symbole de sa virginité, et l'obsession du vol celle du viol. Les disparitions successives dont elle est elle-même l'auteur viendraient mettre en scène sa crainte — et son désir — d'en être dépossédée. Et l'absence « d'assurance » serait une façon de rendre plus crédible l'artifice répétitif par lequel la cantatrice tente de donner à son bien l'éclat que confère la convoitise d'autrui.

Cette interprétation, pourtant, est loin d'être exhaustive ! Car une œuvre aussi personnelle et aussi minutieusement travaillée que celle d'Hergé ne peut être ouverte avec un passe-partout, fût-il marqué de l'intérêt pour le sexuel avec lequel on confond parfois encore la psychanalyse ! Sa compréhension nécessite que soit déchiffrée non pas l'usage que cet auteur peut faire de symboles collectifs, mais la signification symbolique de ses propres représentations.

Or nous avons vu que la démarche de cet album était autoparodique. Là encore, Hergé lui-même nous indique la voie. En faisant retour sur ses propres procédés d'auteur, il nous invite à faire de même : tout comme l'appréciation de l'humour des *Bijoux* nécessite une connaissance des procédés narratifs de l'auteur, la compréhension des enjeux dramatiques qui y sont mobilisés pourrait bien passer par la familiarité avec les symboles à travers lesquels, dans les albums précédents, ces enjeux ont été posés. C'est donc à partir des allusions aux albums précédents qui s'y trouvent que nous allons tenter d'aborder la signification de celui-ci. Et puisqu'Hergé s'y pose lui-même, à travers sa propre parodie, en *créateur d'images,* c'est tout naturellement par l'autoparodie de cette création que nous allons commencer.

***

Tournesol — encore lui — apporte une contribution décisive aux pouvoirs à la fois déformants et pourtant révélateurs de l'image. C'est par une espèce de bande dessinée télévisée et surréalisante où il est question, comme dans le « théâtre sur le théâtre », des *Bijoux,* c'est-à-dire des héros et de Moulinsart, mais aussi des deux aventures qui ont précédé : écoutons donc son « Supercolor tryphonar ».

« Notre programme de ce soir vous offre une suite brillante et variée sur le XVIe congrès du Parti moustachique à Szohôd, la vie secrète de l'abominable-Homme-des-Neiges, l'affaire du vol de l'émeraude à Moulinsart... [3] » Ainsi Hergé met-il en relation, dans la même phrase et grâce au feu d'artifice télévisuel du professeur *L'affaire Tournesol, Tintin au Tibet,* et *Les bijoux.* Or, nous avons vu que le premier de ces albums représentait la suite du cycle lunaire, et que ce cycle pourrait bien, derrière les curiosités que j'ai cherché à en dégager, receler quelque secret. Quant à *Tintin au Tibet,* j'ai exposé les raisons d'y voir l'issue positive des interrogations soulevées dans le « cycle Haddock » et relatives à la filiation paternelle. Mais c'est encore la version du vol imaginée par les deux Dupondt à laquelle l'émission télévisée fait une large place qui va nous fournir le plus sûr fil conducteur.

Les deux policiers, c'est bien connu, ne brillent guère par leur vivacité d'esprit. Nous ne nous étonnerons donc pas de trouver dans leur bouche une explication de la disparition du bijou qui corresponde en tout point... à la disparition de Tchang, dans l'album précédent ! « Or, finalement, le vol de l'émeraude n'a pu être commis que par escalade, et encore, par un homme d'une agilité prodigieuse... Cet homme, nous l'avons démasqué : c'est le singe ! »

Remplaçons « l'émeraude » par « l'enfant » dans la déclaration des deux limiers, et nous avons la description de la situation par laquelle le Yéti, qui s'est attaché à Tchang, tente de dérober l'enfant aux hommes [4]. Mais cette « vertigineuse escalade », au milieu des blocs de rochers, d'un voleur d'enfant chargé de son butin, rappelle aussi celle par laquelle le chef d'une bande de malfaiteurs enlevait, à la fin des *Cigares du pharaon,* le fils unique d'un maharadjah. Nous avons vu qu'Hergé, alors, s'en tenait à l'accomplissement exemplaire d'une authentification réciproque : à l'émouvant « Père ! » de l'un, répondait, dans une harmonie parfaite, le non moins émouvant « Mon fils ! » de l'autre.

L'événement n'en préludait pas moins aux multiples versions successives que ce thème allait connaître, jusqu'au *Tibet,* où, comme nous l'avons vu, la réciprocité de la douleur explicite et partagée mettait un terme au cycle paternel à travers la tristesse de Tchang et les pleurs du Yéti. Or, après l'émission de Tournesol rappelant — commémorant ? — l'événement, tous les spectateurs ont les yeux rouges... « Je pleure comme une Madeleine », dit quelqu'un, pendant qu'une larme bien visible tombe de l'œil de la Castafiore. Hergé ne pourrait-il évoquer le dénouement du *Tibet* et la mise en scène qui s'y trouve de la douleur paternelle de séparation sans communiquer à ses personnages un peu de la tristesse du Yéti ? Son dessin même ne tremble-t-il pas d'ailleurs à ce moment comme lorsque des larmes brouillent le regard ?

Cette mobilisation autour de la disparition de l'émeraude, des images et des émotions qui ont présidé à l'enlèvement de Tchang, puis à sa séparation du Yéti, pourrait bien nous mettre sur la voie des représentations dont *Les bijoux* sont porteur.

Tout comme le chevalier hantait le capitaine, les héros de Moulinsart vont se révéler habités par le souvenir du *Trésor,* et l'album des *Bijoux* hanté par les signifiants et les représentations attachés à l'ancêtre.

⁂

C'est sous le regard sévère de la statue du chevalier de Hadoque que se déroulent les épisodes principaux des *Bijoux* : pertes et retrouvailles successives des pierres précieuses, enregistrement télévisé de la cantatrice, découverte par Tintin du subterfuge du pianiste Wagner. Et la salle de marine du château déjà chargée des témoignages du chevalier à la recherche de son roi devient progressivement le témoin d'une autre quête, celle de la Castafiore à la recherche de ses bijoux.

La présence insistante du fétiche de l'ancêtre représenterait-elle ici, tout comme Baxter dans l'aventure lunaire, un rappel de la filiation paternelle ? Nous reviendrons sur ce point. En tout cas, lorsque la cantatrice nous dit avoir entendu un fantôme dans le grenier du château, nous ne pouvons pas ne pas penser à cet autre grenier où le capitaine découvrait, dans un coffre, les premières traces de son fantôme à lui, le chevalier de Hadoque. Conformément à la circularité de tant de constructions hergéiennes (mais n'est-ce pas la logique de toute recherche sur soi-même de prendre fin justement là où elle avait commencé ?), c'est encore dans un coffre que Tintin découvrira la cause de la frayeur de la Castafiore. Encore aura-t-il dû, cette fois, y rentrer tout entier... comme Milou au début du *Congo*. Mais alors que le petit chien y mettait en fuite une araignée, Tintin, qui a déjà tellement contribué à mettre au jour le secret de l'aïeul en découvrira une ultime représentation... Mais nous n'en sommes pas encore là.

Auparavant chacun des héros aura, à sa façon, rappelé la continuité souterraine qui lie *Le trésor* et *Les bijoux* : le capitaine, en prêtant la salle de marine pour les manifestations vocales du perroquet milanais ; la Castafiore elle-même, en évoquant le temps où Nestor était au service des frères Loiseau, premiers découvreurs des parchemins et chasseurs malheureux du trésor ; Hergé, par une note, qui souligne cette intervention de la cantatrice et renvoie le lecteur au *Secret de la Licorne ;* enfin Tintin, que la disparition de l'émeraude et les cris de la Castafiore surprennent dans la lecture d'un roman dont — fait unique dans l'œuvre de Hergé — le titre nous est révélé sans ambiguïté : *L'île au trésor* !

Serait-ce là le livre dont l'auteur nous invite à la lecture afin de pouvoir, tout comme Tintin, accéder au mystère de la disparition de l'émeraude ? Mais l'île au trésor d'Hergé c'est, comme nous l'avons vu, l'île au *faux trésor* et au *vrai secret,* celui de l'ancêtre caché dans les fondations de Moulinsart, secret qui s'avère être, en dernière analyse, la relation d'un père à son fils. Ces rapprochements opérés par Hergé pourraient bien nous indiquer la voie d'un parallèle, et nous engager à faire de la relation de la Castafiore à son bijou le lieu de représentation d'une relation maternelle. Après « l'île » et son trésor, l' « elle » et son bijou. Après le « trésor » secret du père, le « bijou » officiel de la mère.

Ainsi la continuité qui lie *Le secret de la Licorne, Tintin au Tibet,* et *Les bijoux de la Castafiore* devient-elle claire : après l'enfant non reconnu par son propre père (le chevalier fils bâtard du roi Louis XIV), après l'enfant volé mais reconnu par la tristesse de son parent adoptif (Tchang enlevé par le Yéti), l'aventure de Moulinsart nous propose la mise en scène d'un enfant à la fois officiel — les bijoux appartiennent bien à la Castafiore — et pleuré au moment de sa disparition. Il est vrai que les confidences de la cantatrice nous avaient déjà mis sur la voie. Le bijou est un cadeau du maharadja de Gopal, le premier homme, nous dit-elle, avec qui les journalistes l'aient « mariée ». Le cadeau ne peut être plus clairement restitué à sa première fonction symbolique de signifier l'enfant ! L'émeraude elle-même n'évoque-t-elle pas dans sa forme l'un de ses symboles les plus courants, l'œuf ? Quant à sa propriétaire, elle est comparée successivement dans l'album à deux oiseaux, le perroquet et la pie, avant que la « gazza ladra » (c'est-à-dire la « pie voleuse ») ne donne à Tintin l'idée qu'un autre volatile a pu dérober cet œuf pour le mettre dans son nid [5].

Alors, comme pour retrouver Milou enlevé à New York, puis le fils du maharadjah dans les *Cigares*, comme dans le *Temple*, puis le *Tibet*, Tintin devra s'élever sur une cime pour retrouver « le joyau ». Au dénouement de la soixantième page du troisième album après le début des *Aventures* correspond, selon une circularité à laquelle Hergé nous a habitués, le dénouement de la soixantième page du troisième album avant la fin de ces mêmes *Aventures* : à la restitution, par Tintin, du fils du maharadjah à son père, répond la restitution, toujours par Tintin, de son bijou à la mère inconsolable.

L'histoire se répète toujours deux fois : après le dénouement douloureux du *Tibet*, Hergé reprend les enjeux de cet album pour une représentation domestique. Après les angoisses et les menaces du désert glacé, il nous convie à une petite fête familiale. Après le Yéti, monstre silencieux et invisible, il confronte ses héros à l'omniprésence bruyante de la Castafiore. Seul subsiste le schéma central du dénouement, perte finale et douleur de séparation. Dans le *Tibet*, il s'agissait pour la première fois d'une séparation définitive et d'une tristesse partagée : le Yéti s'y trouve brutalement « rendu à sa solitude », comme les parents d'un enfant qui leur serait soudain retiré.

Dans *Les bijoux*, la tristesse est pour la première fois celle d'un personnage féminin — tristesse qui plus est authentifiée par voie de presse — et la séparation est, pour la première fois, prévue. « Mon bijou va disparaître », ne cesse de nous dire la chanteuse. La séparation des enfants, en effet, n'est couverte par aucune assurance, et il ne reste que la possibilité de tenter peu à peu de se familiariser avec leur départ...

*
**

La Castafiore est insouciante. Elle parle de ses bijoux ou bien elle chante un air qui les concerne ; et soudain, elle pousse un cri d'angoisse : « Ciel, où sont-ils ? » Ne les voyant plus — mais comment pourrait-elle les voir puisque c'est elle-même qui les a cachés ? —, elle les considère comme perdus. Désespoir, vertige, la diva s'effondre. Tout le monde s'affole. Elle se souvient soudain avoir rangé leur coffret. Ou bien, mieux encore, elle soulève un coussin et les découvre : « Ah, les voilà ! » C'est « l'air des bijoux », nous dit le capitaine. Cette activité, à vrai dire, n'est pas non plus sans évoquer le « jeu de la bobine » décrit pour la première fois par Freud en 1920 et devenu depuis l'un des grands textes classiques de la littérature psychanalytique. Rappelons que Freud observait alors son petit fils Ernst, âgé de dix-huit mois, jeter une bobine loin de lui de telle façon qu'il ne la voyait plus, puis la ramener vers lui à l'aide d'une ficelle qui lui était attachée [1].

Comme dans le « jeu avec les bijoux », la réapparition de l'objet succède à sa disparition et provoque l'émerveillement de son propriétaire. Dans les deux cas également un cri vient ponctuer les deux moments du jeu. Dans le cas du jeu de la bobine, l'exclamation « ooo ! » (où Freud crût reconnaître le « for » allemand signifiant « loin ») accompagne la disparition du jouet ; et le « aaa ! » (où Freud crut reconnaître le « da » allemand signifiant le retour à la proximité) salue son retour. Dans le cas de la Castafiore, ce sont : « Ciel, mes bijoux ? » (sous-entendu « où sont-ils ? ») ; puis « Ah, les voilà ! » Un peu comme dans le jeu du « coucou le voilà » en quelque sorte...

Malgré ces analogies, le jeu de la Castafiore avec ses bijoux présente pourtant plusieurs différences capitales avec le jeu de la bobine. La première concerne le fait que ce jeu, chez Hergé, ne concerne pas un enfant, mais une femme mûre dont tout nous donne à penser qu'elle soit en situation de représenter la mère des premières relations.

Autre différence : la relation de la Castafiore avec son émeraude ne se limite pas aux deux phases du fameux jeu : à l'enchaînement des disparitions et réapparitions succèdent la disparition effective du bijou, puis le caractère « inconsolable » de la Castafiore. Plus encore : tout semble fait, à la fin de l'album, pour nous faire douter que l'émeraude ne rejoigne jamais la chanteuse. Certes, la perspicacité de Tintin a finalement permis de la retrouver... après le départ de sa propriétaire. Mais Tournesol, le mieux placé pour la lui restituer puisqu'il part en voyage à l'endroit même où celle-ci se trouve, refuse de s'en charger. Haddock et Tintin acceptent alors de faire confiance aux Dupondt... qui l'ont déjà perdue une fois à la page précédente. L'image de leur départ pour cette délicate mission est aussi celle où ils s'accusent — cette fois mutuellement ! — d'avoir égaré le joyau ! La chanteuse risque bien de se réjouir prématurément à l'arrivée du télégramme annonçant la restitution de sa pierre !

Mais comment comprendre ici l'enchaînement d'une perte réelle venant après des pertes simulées ?

A moins d'attribuer cette construction dramatique au hasard, elle ne peut reposer que sur un lien de causalité : c'est parce que son « bijou » (c'est-à-dire son enfant) allait être séparé d'elle que la Castafiore « jouait » à se familiariser avec cette disparition ; et c'est parce qu'elle s'est familiarisée avec cette disparition que celle-ci peut advenir, de telle façon que la chanteuse en soit meurtrie sans en être mortifiée, et « inconsolable » sans en être désespérée.

Mais le jeu avec les bijoux diffère encore du jeu de la bobine sur un point essentiel : la Castafiore, sitôt qu'elle prononce le nom de ses bijoux (ou qu'une association d'idée en rappelle l'existence à sa mémoire) s'angoisse de ne les revoir jamais. Qu'ils soient assurés ou non, la cantatrice n'est, elle, jamais assurée de leur permanence. En d'autres termes (et pour reprendre ceux par lesquels nous avons évoqué le jeu de la bobine), la perte du lien visuel avec eux ne paraît pas compensée par une représentation interne qui en assure la stabilité. La Castafiore ne peut échapper à l'angoisse de leur absence qu'en les rappelant à sa vue... à moins d'en oublier totalement l'existence, ce qu'elle fait effectivement assez souvent.

Ainsi l'attitude de la chanteuse ne reproduit-elle que très imparfaitement le fameux jeu. D'une part le « jeu des bijoux » partage avec le « jeu de la bobine » son caractère répétitif et la certitude du retour avec le plaisir qui l'accompagne (c'est elle-même qui cache ses bijoux, et elle-même qui les redécouvre là où elle seule savait les avoir rangés). Mais d'autre part, rien dans les conditions de la disparition des pierres n'évoque le premier temps du jeu décrit par Freud.

Ce moment, ici, n'est pas celui d'une « mise au loin » (par lequel le petit enfant, dans le jeu de la bobine, réalise un équivalent du mouvement par lequel sa propre mère l'éloigne d'elle-même) mais celui d'une perte irrémédiable.

Ainsi le « jeu des bijoux » apparaît-il comme un compromis entre « le jeu de la bobine » (dont nous avons dit le rôle structurant) et l'éventualité psychique contre laquelle, justement, il est censé protéger, c'est-à-dire la disparition définitive de l'objet perdu des yeux. C'est le sens de ce compromis qu'il nous faut maintenant expliquer.

Si l'enfant apprend à maîtriser l'absence — c'est-à-dire finalement à se séparer de sa propre mère — à travers la maîtrise des disparitions et réapparitions successives d'un objet en tenant lieu, n'est-il pas logique de penser qu'il se représente l'adulte se familiarisant avec son absence à lui de la même façon ? Or, c'est justement, comme nous allons le voir, ce caractère de jeu supposé à la mère, par l'enfant, sur le mode de sa propre activité ludique d'apprentissage de la séparation, qui peut rendre compte des particularités du « jeu des bijoux ».

D'une part, donc, Hergé prête à un personnage maternel aux prises avec la possibilité du détachement une activité calquée sur le jeu par lequel l'enfant se familiarise lui-même avec l'idée de la séparation. Mais, d'autre part, ce modèle de l'enfant se détachant de sa mère n'est pas utilisable tel quel dans la confection du fantasme de la mère se séparant de son enfant. En effet, le premier temps du jeu — celui de la mise à distance de l'objet — constitue le moment indispensable à la manifestation de l'agressivité de l'enfant à l'égard de l'objet [7].

Si ce temps était maintenu dans le jeu que l'enfant prête à sa mère sur le modèle du sien propre, cela correspondrait au rejet, par la mère, de son enfant. Or nous avons vu que c'était justement la représentation inverse qui motivait toute cette mise en scène, et que le jeu de la bobine imaginé à la mère n'était là que pour permettre la constitution résolutoire du fantasme de la mère attristée de la séparation. C'est ce caractère du jeu des bijoux d'être un fantasme de désir de l'enfant concernant sa propre mère qui rend compte de la transformation en moment d'angoisse du premier temps du jeu, celui où s'exprime normalement l'agressivité du sujet vis-à-vis de l'objet qu'il éloigne de lui.

⁂

Les bijoux ont été pour Hergé, de son aveu même, un album contemporain de la résolution de nombreuses difficultés. Restons-en pour l'instant à la problématique de séparation telle qu'elle y trouve son illustration et son dénouement. Nous avons déjà évoqué les avatars successifs de la relation du reporter et de son chien, puis les enlèvements d'un fils à son père comme autant d'occasions de séparations temporaires et de retrouvailles. La séquence répétitive du « jeu des bijoux » donne la forme la plus élaborée — parce que maîtrisée — de cet apprentissage. Mais cette séquence une fois distinguée dans *Les bijoux*, il devient possible d'en mettre en évidence deux précurseurs dans les albums précédents.

La première séquence met en scène Tintin, et concerne essentiellement, par sa fréquence, la première moitié de l'œuvre d'Hergé. Le héros y suit un personnage, puis il le perd des yeux. « Où est-il passé », dit le reporter. Le plus souvent un coup sur la tête — frappé par le « disparu » — vient mettre fin à ses questions. Parfois, c'est la découverte de quelque porte secrète. Il arrive également que ce soit le héros lui-même qui mette un personnage dans cette situation : « Tiens je ne le vois plus », et « Paf ! », c'est Tintin ! Toujours en tout cas, on retrouve la séquence disparition-réapparition : séquence brutale, lorsque le personnage « disparu » a contourné le héros ; séquence ralentie lorsque la découverte d'une cachette anticipe sur la découverte du coupable. Dans tous les cas également (et c'est peut-être le plus important) la disparition hors du regard est soulignée par le texte. Mais ce qui est ici une redondance gratuite du point de vue de la bande dessinée apparaît au contraire comme une nécessité à partir du moment où ce qui est en cause pour Hergé — c'est-à-dire pour l'enfant qu'il nous dit lui-même être au moment de son activité graphique [8] — c'est justement l'élaboration symbolique de l'absence. Le texte ne vient plus alors redoubler une information visuelle, il vient lui donner son sens, celui d'une question opposant la perception (dans le temps qui précède) à la représentation psychique (« j'y pense toujours et je ne le vois plus »).

Alors que cette première séquence est, comme on le voit, toute entière centrée sur l'opposition de la perception et de la disparition, la suivante va superposer à cet enchaînement le thème de la filiation.

Cette séquence est à vrai dire si proche du « jeu des bijoux » qu'on pourrait presque la considérer comme un équivalent de ce jeu s'il n'y manquait la systématisation. Elle apparaît vers le milieu de l'œuvre hergéienne, et a pour acteur Tournesol : le professeur égare ses découvertes *justement* lorsque la suite de l'histoire nous apprendra *qu'il devait finir par les perdre définitivement :* les plans de la fusée expérimentale, dans *Objectif lune,* jetés distraitement par lui dans sa corbeille à papiers ; et les microfilms de son invention guerrière, dans *L'affaire Tournesol,* oubliés sur sa table de nuit alors qu'il croyait les avoir cachés dans le manche de son parapluie. Dans les deux cas, la destruction sera finalement jugée nécessaire de peur que son invention ne lui échappe. Enfin, c'est aussi parce que les objets concernés sont les découvertes du professeur, c'est-à-dire ses enfants spirituels, que les éloignements temporaires préludant à la séparation définitive peuvent être considérés comme une première ébauche du « jeu des bijoux ». Nous verrons plus loin le sens à donner au fait que cette première ébauche — cette répétition générale — concerne un vieil homme. Remarquons déjà que non seulement c'est avec *Les bijoux* que la séquence en cause y sera pour la première fois le fait d'un héros féminin, mais encore que, pour la première fois également, l'objet *considéré comme perdu ne l'aura en fait pas été,* et que la « victime » de la disparition semblera trouver, dans cet événement, l'occasion d'un *épanouissement sans précédent*. Car le dénouement nous réserve encore deux surprises.

Tout d'abord, le voleur (ou plus précisément la voleuse) se révélera être la « gazza ladra », c'est-à-dire... la Castafiore elle-même ! Grâce à l'artifice d'une métaphore — l'intitulé du rôle joué par elle à Milan [9] — il nous est dit que la Castafiore n'a rien perdu. Son bijou, bien qu'il se soit « envolé », l'attendait en quelque sorte toujours à Moulinsart, seulement changé d'écrin, changé de nid. Un peu à l'image de Haddock en quelque sorte, « échappé » de la Castafiore pendant toute la durée de son séjour à Moulinsart, et pourtant prêt à l'accueillir à nouveau au moment de son départ.

Quant à la seconde surprise du dénouement, elle passe comme tant d'autres dans cet album par la voix des médias : la Castafiore « inconsolable de la perte de son plus beau bijou » connaît à la Scala de Milan un « triomphe sans précédent » pour une « interprétation inoubliable [10] ». Après le cri du désespoir poussé à la fin de *Tintin au Tibet*, c'est le triomphe du bel canto. Est-il possible d'imaginer deuil plus créateur ? Quant au capitaine, il chante à son tour l'air de la séparation : « Elle s'en va, elle s'en va », fredonne-t-il en parlant de la Castafiore. Mais comme le reflet de celle-ci lui apparaît dans un miroir, il change quelque peu les paroles : « Elle s'en va, elle s'en va, ma douleur. » Or nous avons vu que c'était la douleur supposée par le fils à son père qui permettait l'accomplissement de la séparation dans le cycle paternel. De même c'est ici l'arrivée du mot « douleur » là où la mise en scène appelait « la Castafiore » (c'est-à-dire le personnage en position maternelle), qui marque le moment de la séparation. L'air chanté par Haddock pourrait bien alors signifier : « Elle peut partir, la matrone qui m'a hanté pendant près de 60 pages !

Elle peut partir, puisqu'il est acquis qu'elle souffre ! » Le plâtre qui immobilisait le capitaine et rendait encore possible la sollicitude maternelle et ses excès n'a plus lieu d'être. Et la douleur même du pied peut disparaître. La souffrance de la « cheville » n'était-elle pas elle-même une métaphore de celle de la « jeune fille », alias Bianca la Chaste Fleur, qu'elle tentait de signifier sur le corps même de l'objet des soins maternels ?

LA CANTATRICE DEFORMANTE
ou
L'IDENTITE A L'EPREUVE DES MIROIRS

La Castafiore, face aux caméras, chante « qu'elle rit de se voir si belle en ce mi... », paf, panne d'électricité, personne ne voit plus personne, et l'œil de la caméra encore moins que quiconque. Dans la bouche de la chanteuse, le miroir n'est plus rien, seulement la moitié d'un indéfini, peut-être un mi-rage, ou une simple note de musique suspendue dans l'attente d'un sens...

Mais n'est-ce pas justement l'impossibilité où se trouve la cantatrice de pouvoir renvoyer à son interlocuteur sa propre image qui est au centre de l'histoire ? Haddock nous avait prévenus : pas d'autre issue que la fuite. Ironie du sort, le voici condamné à être promené par elle comme un infirme, comme un enfant. A peine la croit-il partie — enfin soulagé ! — qu'elle réapparaît... à moins que ce ne soit le perroquet qui parle pour elle. Et quand il parvient malgré tout à lui échapper, la voix de la cantatrice traverse les murs du château et les cases de la page pour finir par retrouver les tympans du capitaine.

Autant dire qu'il ne doit son salut qu'à rester toujours sur ses gardes [1]. Face aux menaces de l'envahisseur, Tournesol s'est bouché une fois pour toutes les oreilles, ce qui lui permet au passage de restituer à la diva une parfaite image de sa distraction : « Je suis ravie de rencontrer le célèbre sportif qui a fait de si magnifiques ascensions en ballon », dit la belle. Et le professeur de répondre : « Tintin m'a souvent parlé de vos tableaux. Vos portraits surtout sont d'une ressemblance tout à fait étonnante. »

Réponse admirable. L'oracle une fois de plus a parlé par la bouche du professeur. Car cette réponse ne contient pas seulement une restitution en miroir de sa propre attitude à la Castafiore. Elle pointe également à travers le thème du « portrait » celui du miroir, et à travers lui la façon dont la mère garantit pour le tout petit enfant la première image de lui-même [2]. Voici bien une réflexion qui ne pouvait venir que de Tournesol, l'enfant du groupe, et qui plus est, dans cet album, l'enfant amoureux !

Du même coup la relation du capitaine et de la cantatrice en est transformée. Elle cesse d'apparaître comme la castration répétée d'un homme dévirilisé par une femme monstrueuse pour devenir tout autant celle d'un enfant dont l'espace est en permanence envahi par une mère qui pourtant ne lui restitue rien. Car la Castafiore, tout au long de l'album, paraît bel et bien incapable de restituer quoi que ce soit à qui que ce soit : elle perd ses bijoux, mais elle « égare » aussi ses interlocuteurs. Tel un gigantesque miroir déformant, elle promène sa silhouette imposante entre les personnages de l'aventure, et chacun, successivement, en fait les frais : Haddock, Tintin, Tournesol, Nestor, jusqu'aux Dupondt et au courtier d'assurances. Chacune de ses rencontres est passée à la moulinette de ses lapsus. Leurs noms et prénoms, leurs goûts, leur personnalité, tout cela est soumis à un embrouillamini dans lequel, comme dit justement le dicton, « une mère ne reconnaîtrait plus ses petits ». Dans son sillage, l'atmosphère familiale de Moulinsart se transforme en cauchemar : les mots perdent leur sens, les patronymes explosent, l'espace des cases est tellement saturé de gammes et de vocalises qu'il ne paraît plus disponible pour d'autres communications. Et quand le capitaine commence à s'y habituer (« Ciel, mes bijoux ! » — « Ne craignez rien, elle va les retrouver », dit Haddock), l'environnement prend le relais : le perroquet ajoute sa confusion, le téléphone s'emmêle, les faux messages s'accumulent sur le guéridon, etc. Autant dire que l'espace entier, à la suite de la chanteuse, ne devient plus ni fiable ni même utilisable.

Les bijoux de la Castafiore, où Michel Serres voit une démonstration exemplaire de « l'incommunication ininterrompue » organisée par les médias, offre donc en fait deux mises en scène parallèles : d'une part celle d'un monde de communication visuelle qui ne restitue que des images fausses ; et d'autre part celle d'une femme spécialisée dans la communication vocale et pourtant incapable d'aucune émission dans laquelle il soit possible aux autres de se reconnaître. Or nous avons vu que cette femme était chargée de représenter certains aspects de la relation maternelle. Si la Castafiore règne en maîtresse inconstestée sur ce monde où les images vraies ne sont transmises que pour paraître fausses et où les fausses s'avèrent plus vraies que nature, ce n'est donc pas seulement parce qu'elle en est l'avatar féminin et mondain. C'est parce qu'elle en est le paradigme, le moule initial dont le monde garde à jamais l'empreinte par la tendance qui subsiste en chacun de percevoir l'environnement sur le modèle de la première relation offerte par la mère.

Afin que la démonstration soit complète, Hergé oppose tout au long de l'album deux types de réponses possibles à cette désorganisation systématique : d'un côté il y a Tournesol, l'enfant consentant et soumis qui a choisi de ne rien entendre et qui continue à tout attendre de sa madone. De l'autre il y a Haddock, l'enfant malgré lui, qui, parce qu'il entend, n'attend plus rien de la matrone. Le premier est l'enfant subjugué qui veut continuer à croire à la pureté de sa chaste fleur : il accueillera avec indifférence le vol de l'émeraude, semblera ignorer la dernière angoisse de la Castafiore au moment de son départ, et n'entendra finalement rien à la proposition du capitaine de restituer à la cantatrice le bijou retrouvé. Pour lui, la Castafiore devra rester celle qui n'a rien perdu, en d'autres termes celle qui n'est manquante de rien. Et les fleurs offertes par lui au moment du départ viendront une dernière fois détourner de la perte l'attention de la Cantatrice. A l'autre extrême, Haddock incarne l'enfant retors qui s'empare des armes de celle qu'il a reconnue pour être sa persécutrice, invente des jeux de mots calqués sur sa confusion verbale à elle, et envisage très clairement, pour terminer, qu'elle « casse sa pipe ». Pour le premier, un baiser final viendra récompenser tant de servile sollicitude. Le second, au contraire, devra cacher sa joie au départ de la chanteuse. Pour lui la séparation coïncide également avec la guérison de la foulure, c'est-à-dire avec celle de l'immobilité apparue à l'annonce de son arrivée. Comme pour qu'ait été rendue possible, l'espace d'un album, la parabole de la dépendance par laquelle s'inaugure la venue au monde.

Mais si le visage de la mère constitue pour l'enfant le premier reflet de son identité, c'est ensuite la surface argentée des miroirs qui vient témoigner de ce que cette identité est bien détachée de l'image maternelle [3]. C'est pourquoi c'est à la place prise dans les *Aventures* par la représentation des miroirs que nous allons maintenant confronter notre hypothèse. Et puisque c'est dans les *Bijoux* que le reflet de soi est confronté au lieu originel de son enchassement — le regard maternel et ses réponses —, c'est par la place des miroirs dans cet album que nous allons commencer.

Les miroirs dans Les bijoux de la Castafiore

Les miroirs ne manquent pas, à Moulinsart, où Haddock puisse contempler son image. L'album de la mise en scène du reflet maternel est aussi celui de la représentation privilégiée des miroirs : près d'une quinzaine de cases où apparaît un miroir ou un morceau de miroir, c'est déjà beaucoup plus que ce à quoi nous a habitués Hergé dans ses albums précédents. Il est vrai que le téléphone, au château, se trouve devant un miroir. « Je vous écoute et je me regarde... » pourrait-on dire pour parodier l'incommunication qui y règne et que la Castafiore incarne. Pourtant tous ces miroirs ne reflètent rien ! Ils n'offrent aux regards que des surfaces d'un gris opaque, parsemant l'album d'une succession de petits carrés bleutés bordés d'or à l'intérieur des grands carrés des vignettes, comme autant de cases dans les cases. Seuls les encadrements baroques viennent alors nous assurer de leur nature et écarter toute confusion avec l'un de ces petits carreaux vitrés omniprésents dans l'album. Ceux-ci, offerts sur la couverture en toile de fond à la Castafiore, ne le seraient-ils pas aussi à l'intrigue des *Bijoux*, comme une nostalgie de la transparence ?

Un miroir pourtant finit par répondre au capitaine. La Castafiore a versé sa larme d'émeraude. Elle part. Haddock qui danse pour fêter son autonomie retrouvée aperçoit soudain dans le miroir qui lui fait face... l'image de la chanteuse [4] ! Au moins la confusion n'est-elle pas possible et il reconnaît l'apparition pour ce qu'elle est. Ainsi une fois l'autonomie conquise — dont la possibilité de la marche est le symbole — et une fois la séparation réalisée, l'enfant apprend-il à distinguer son propre reflet de la figure maternelle.

La Castafiore, miroir déformant des identités, a finalement échoué à perturber de manière durable celle du capitaine. C'est que, comme nous l'avons dit, il a appris à retourner contre elle ses propres armes, développant dans cet album une capacité nouvelle à l'ironie. Ainsi la diva a-t-elle perdu tout pouvoir ! Désamorcée, la bombe ! La terroriste devient sympathique. D'ailleurs Haddock l'aime bien, et probablement Hergé aussi qui lancera les trois héros à sa recherche au pays des Picaros.

Quant à Hergé, il nous déclare que *Les bijoux* furent pour lui l'album contemporain de la découverte des plaisirs de la vie, du plaisir de ne rien faire, du plaisir de flâner. Or ces possibilités sont fortement évocatrices de la constitution d'un espace d'illusion où se trouve mise à contribution la capacité de perdre un temps ses propres limites pour jouir d'une relation non conflictuelle et non menaçante avec la mère intériorisée. La part enfantine de la personnalité se montre rassurée de la qualité de l'environnement : la douleur maternelle consécutive à la séparation l'assure que la mère est bien capable d'assumer cette séparation, et ne tentera pas d'en annuler la réalité d'une manière qui obligeait précédemment l'enfant à rester toujours vigilant... vigilant comme Haddock tout au long des *Bijoux*...

Les miroirs après Les bijoux de la Castafiore

Après le succès de son autoparodie, Hergé réalise encore deux albums : *Vol 714 pour Sydney*, et *Tintin et les Picaros*. Apparemment, — et y compris dans le choix des titres — il semble renouer avec les règles antérieures de ses récits : aventures au bout du monde, lutte des héros contre un clan de bandits, triomphe de la justice et plus encore de la générosité. Quelque importantes qu'elles soient du point de vue de la structure générale du récit, ces analogies s'accompagnent pourtant de différences majeures.

Avec *Vol 714 pour Sydney* tout d'abord, la traditionnelle distinction entre « bons » et « méchants » s'efface. Mais il y a plus important. Car si les « bons » ne le sont plus tout à fait, les « méchants » ne sont pas devenus « bons » pour autant. La sympathie qu'ils ont gagnée, c'est plutôt celle que l'on accorderait à des adultes en culotte courte ! L'homme qui se dit tout-puissant échoue à écraser une araignée. Et lui qui rêve de posséder l'univers se montre surtout fier de son chapeau et de ses bottes de cow-boy. Plus loin, un bandit interrompt une poursuite pour faire remarquer à son chef, avec une mimique clownesque, qu'il a un gros nez. Quand un homme hurle de douleur, c'est parce qu'un comparse lui enlève un morceau de sparadrap qui s'était pris dans ses poils, etc. Et Carreidas, et ses affreux caprices ! A vrai dire, l'intervention des extra-terrestres au milieu de ce joyeux capharnaüm produit à peu près le même effet que l'intervention des parents dans une nursery : les passions sont calmées, les innocents consolés des coups reçus, les coupables sermonnés afin de ne pas recommencer, tous enfin suggestionnés comme le sont si facilement les enfants par les adultes. Et les protagonistes apaisés s'endorment, tandis qu'une main miraculeuse ramène chacun chez lui sans rien oublier de ses affaires personnelles...

Le dernier album de l'auteur, *Tintin et les Picaros*, fait plus que confirmer cette nouvelle manière du monde hergéien. Sur fond de carnaval et d'affaires militaires, de masques et de révolution, il nous en propose une allégorie empruntant, là encore, son imagerie aux miroirs. Il s'agit plus précisément de deux représentations complémentaires également rassurantes. Deux dessins uniques chez Hergé, combinés un peu comme un objet et son reflet, où au regard porté par le héros vers un miroir correspond simplement son image qui le regarde. Simplement ! Mais était-ce si simple auparavant chez Hergé ? L'une de ces images montre le visage détendu du capitaine reflété par le miroir de sa salle de bains au petit matin [5]. Nous verrons plus loin, en la comparant à une série semblable de *l'Affaire Tournesol*, ce qui semble définitivement bouleversé, alors, pour l'auteur [6]. Quant à la seconde de ces images, elle révèle le colonel Sponsz en train d'espionner les héros à travers des glaces sans tain [7]. Cette surveillance qui pourrait être traitée de façon inquiétante (et l'a été effectivement souvent au cinéma) est au contraire ici mise en scène de manière particulièrement apaisante. Tintin, devenu sans doute expert en illusions après tant d'aventures, a tout de suite compris la situation et se trouve espionné en train d'expliquer à Haddock, en fait de secret, de quelle surveillance ils sont l'objet ! Les miroirs, même s'ils sont utilisés par les ennemis, sont devenus sans surprise. Et la Castafiore, accusée avec deux albums de retard d'avoir voulu prendre le pouvoir — n'était-ce pas dans *les Bijoux*, justement ? — se remet en gros plan un peu de rouge à lèvres en se guidant sur le miroir de son poudrier, avant de couvrir les débats de son air fameux...

Les miroirs avant Les bijoux de la Castafiore

Si Hergé semble assuré, à partir des *Bijoux*, d'un cadre protecteur autorisant la distraction, le jeu, et la dérision, il est temps maintenant de revenir aux albums précédents afin de tenter d'y déceler, en négatif, la preuve que ces possibilités n'y étaient pas encore pour lui constituées. J'ai déjà dit que ces albums étaient riches en situations manifestement désespérées où les personnages sont confrontés aux effrois les plus vifs, faillite généralisée de l'environnement dans *L'étoile mystérieuse,* départ de la fusée abandonnant les héros dans *On a marché sur la lune.*

Or c'est par une histoire de miroir que débutent les *Aventures.* Milou brise un miroir [8] : « Zut, dit le petit chien, sept ans de malheur. » Les pages suivantes lui donnent raison : sinon sept ans de malheur, du moins sept agressions en cinq pages [9]. La seule apparition que nous propose cet album d'un reflet n'est pas plus rassurante. C'est encore un animal qui en fait la cruelle expérience : Tintin menacé par un léopard trouve pour toute arme un... miroir [10]. Tel Persée interposant son bouclier entre la Méduse et lui, il confronte donc le félin à son reflet : « Quelle horrible bête », s'écrie l'animal en s'enfuyant !

Les six albums suivants, c'est-à-dire jusqu'au *Sceptre d'Ottokar* inclus, semblent pourtant démentir cette interprétation.

Les miroirs y retrouvent en effet leur simplicité sans surprise : objets décoratifs ou fonctionnels, tels que glaces de bistrot ou de chemin de fer, miroirs de tailleurs ou de salle de bains [11]. Une seule fois, l'introduction d'un miroir fait progresser l'action : le reflet d'un malfaiteur entrevu dans une glace permet au héros de surprendre son agresseur. C'est dans *Tintin en Amérique* [12], c'est-à-dire au tout début des *Aventures.* Or, le lecteur l'a sans doute compris, cette énumération serait inutile si, après cette période de miroirs sans histoire, disciplinés ou décoratifs (qui correspond à peu près à la période d'incubation du thème de la filiation), l'image réfléchie ne commençait, dans *Tintin,* à relever d'une économie toute différente.

Tout d'abord, les miroirs disparaissent — à nouveau, à une exception près — des quatre albums suivants [13].

Disparition d'autant plus remarquable que les scènes de café du début du *Crabe* et le tremblement de terre de *L'étoile mystérieuse* appelaient naturellement des « effets » de miroirs. Quant à l'exception, elle inaugure d'une particularité qui va justement devenir la règle dans la suite des *Aventures*. Dans *L'or noir*, un petit miroir manuel où Müller observe son visage lui permet de surprendre Tintin, de l'assommer, et, sans l'arrivée inopinée des Dupondt, de mettre un terme définitif à sa carrière [14]. Or les miroirs ne vont plus apparaître après cet épisode que d'une façon qui mette en danger les héros. Les mirages du *Crabe* et surtout ceux de *L'or noir* nous offraient déjà il est vrai de nombreux exemples du caractère trompeur d'un reflet...

La première occasion se présente justement dans *Le trésor de Rackham le Rouge*, c'est-à-dire dans un album d'importance majeure pour le dénouement hergéien. Et les chemins de ce retour sont justement ceux par lesquels les miroirs faisaient leur entrée dans le *Congo*, ceux d'un miroir brisé et d'une glace qui renvoie à celui qui s'y regarde une image où il ne reconnaît rien de lui-même. Seulement ici, ce n'est plus un animal qui en fait les frais, mais le capitaine à la recherche du secret de son ancêtre. Et les deux séquences du *Congo* (qui concernaient successivement, rappelons-le, Milou et un léopard) sont condensées dans une scène unique : Haddock, soucieux d'échapper à l'inquiétude que mobilisent les allusions d'un marchand aux « secrets » de son visage, se tourne en effet vers un miroir. « Mille sabords, c'est épouvantable ce qui m'est arrivé ! » hurle-t-il, peu accoutumé encore aux multiples déformations que la Castafiore imposera plus tard à son identité... Comme Tintin lui fait remarquer qu'il se regarde dans des miroirs déformants, Haddock se saisit d'un face-à-main qu'il laisse aussitôt tomber. « Sept ans de malheur » gémit-il. La malédiction est confirmée par la précision que lui apporte le marchand : « Et cent cinquante francs pour le miroir [15]. » Il est vrai que le capitaine devra affronter pire encore. Dans *L'affaire Tournesol* c'est la glace de la salle de bains devant laquelle il se brosse tranquillement les dents qui se lézarde soudain, offrant au regard du lecteur et à celui de Haddock une image affreusement décomposée [16].

Enfin, quand le miroir sera utilisé par les héros pour solliciter une aide, c'est contre eux que la situation se retournera : dans *Coke en stock*, des signaux faits par Tintin à l'aide d'un petit miroir à un yatch de passage les conduiront tout droit dans les griffes de leur ennemi Rastapopoulos !

Tentons alors de résumer cette évolution du thème des miroirs dans *Tintin*.

Tout d'abord, ils interviennent dans le premier album pour soutenir, à travers une anecdote, un thème dramatique dont l'importance n'apparaîtra que dans l'évolution du récit : celui du reflet étranger à soi-même. Puis ils sont réduits, dans les albums suivants au rôle d'accessoires décoratifs et finissent par disparaître totalement lorsque l'exploration hergéienne commence à préciser ses enjeux, ceux de la quête de l'identité dans le regard maternel. Enfin, quand ils réapparaissent quatre albums plus tard, à partir du *Trésor* et jusqu'au *Tibet*, c'est comme une menace pour l'intégrité des héros, c'est-à-dire comme un élément symbolique des enjeux identificatoires que nous avons tenté de dégager et qui ne préciseront leur sens qu'avec l'apogée des *Bijoux*. Une évolution qui n'est pas, là encore, sans rappeler le déroulement d'une cure analytique, où certains thèmes conflictuels posés dès la première séance ne sont ensuite repris que beaucoup plus tard, à un moment où il devient possible au sujet d'en faire le matériel de sa propre élaboration...

Deuxième partie

DE TINTIN A HERGÉ

Au terme de cette exploration, deux séries de questions s'imposent.

Les premières concernent la structure de l'œuvre hergéienne, c'est-à-dire la raison des détours dont cette œuvre témoigne avant de parvenir à la mise en scène la plus complète du thème de la séparation d'un fils et de sa mère.

Les secondes nous entraînent, au-delà des *Aventures*, à la place de la bande dessinée comme moyen privilégié d'abord — voire d'élaboration, et même peut-être de résolution — d'une constellation fantasmatique centrée sur la séparation.

Mais auparavant il nous faut relever le défi qu'Hergé lance — non sans ironie ! — à qui voudrait interpréter son œuvre. « Que signifient ces oiseaux à la fin des *Bijoux ?* », lui demande Numa Sadoul. « Je ne sais pas, mais peut-être un psychiatre pourrait-il le dire ! », répond Hergé.

LE SECRET DES OISEAUX

Nous ne saurons jamais quelle idée Hergé avait derrière la tête en jetant en quelque sorte cet os à ronger aux dénicheurs de sens !

Numa Sadoul, dans sa tentative d'éclairer la rencontre du perroquet, de la pie et du hibou à la dernière case des *Bijoux* commence — avec raison — par recenser les diverses apparitions « ailées » dans Tintin [1]. Rappelons son inventaire : dans le *Congo,* le perroquet qui mord Milou. Dans *L'oreille cassée,* cet autre perroquet qui est le seul à connaître le nom de l'assassin de son maître ; à la fin du même album, les diables qui emportent les deux bandits noyés, et qui sont pourvus d'ailes. Dans *L'île noire,* la pie qui retarde l'intervention des pompiers en volant une clef — celle de la cave — que le capitaine des sapeurs prend pour être celle du garage. Dans *Le secret de la Licorne,* les moineaux montrés du doigt par un homme blessé pour désigner les coupables, ses assassins, les frères Loiseau. Dans *Le trésor,* les perroquets sur l'île de l'ancêtre. Dans *Le temple,* le condor qui menace Milou, puis Tintin, et les mouettes qui salissent les chapeaux des Dupondt. Dans *Les bijoux de la Castafiore* enfin, le perroquet (bavard), la pie (voleuse), la chouette et le hibou.

Nous voyons que cet inventaire est limité aux seules apparitions réalistes d'un volatile [2]. Mais puisque la bande dessinée est art de représentation, pourquoi ne pas y ajouter les situations où un « oiseau » intervient explicitement comme support symbolique ? Il s'agit successivement de la cigogne peinte sur l'avion qui emporte Tintin à la fin du *Congo* ; du « Pélican d'Or », insigne de la royauté syldave et enseigne du sceptre par lequel est concrétisé l'héritage symbolique d'Ottokar ; enfin de « l'Aigle de Pathmos », c'est-à-dire saint Jean l'Evangéliste, au pied duquel est caché le trésor pris à Rackham.

Or les deux dernières de ces représentations concernent le problème de l'ancêtre et de son héritage, qui se révèle être en dernière analyse, et dans les deux cas, celui d'une généalogie royale. Alors, à l'image du « Pélican » et de l' « Aigle », les oiseaux dans Hergé viendraient-ils signifier l'ancêtre ? Nous pouvons déjà remarquer que les oiseaux sont dans les *Aventures* le support d'une ambivalence qui n'a rien à envier à celle dont l'ancêtre est entouré. De même que le chevalier est à la fois celui qui a soigneusement caché le secret et celui qui a fourni les moyens de sa découverte, les volatiles vont être alternativement, chez Hergé, les gardiens et les révélateurs d'un secret.

Dès le début de *Tintin au Congo,* un perroquet surprend Milou en train de fouiller dans une malle. Mais n'est-ce pas justement dans des malles que les secrets seront découverts, depuis celle dans laquelle Haddock déniche les vestiges de son ancêtre [3] jusqu'à celle dans laquelle Tintin se cache pour éclaircir le mystère des « pas au grenier » dans *Les bijoux* [4] ?

A la fin du *Congo,* c'est un « oiseau », c'est-à-dire un avion portant image d'oiseau, qui couvre le mystère de la disparition de Tintin [5].

Dans *L'oreille cassée,* où commencent à être posées les premières bases à partir desquelles le secret de l'ancêtre sera découvert, le perroquet finit par dire, après beaucoup de réticence et sous la menace de la mort, le nom du coupable qu'il est le seul à connaître [6].

Dans *L'île noire,* le rôle de gardien du secret est dévolu à la pie : voleuse de la clef de la cave — « clef » de la « crypte » ? —, elle retarde l'intervention des pompiers et, comme Müller, protège le secret de *L'île noire* en condamnant Tintin à une mort solitaire au milieu des flammes [7].

Dans *Le trésor de Rackham le Rouge,* les perroquets à nouveau apportent leur contribution au dévoilement du secret en confirmant la généalogie qui lie, à travers un florilège d'insultes communes, le capitaine et son ancêtre [8]. Mais si cet album marque la confirmation du perroquet comme allié des héros dans leur quête du secret de l'ancêtre, il révèle également un adversaire acharné à laisser ce secret enfoui, le REQUIN.

Nous avons dit que cet animal pourrait bien figurer le seul vrai coupable de toute l'histoire, le père du chevalier. Ce père absent des représentations graphiques (mais dont le fils, le chevalier de Hadoque, porte témoignage) ne trouve-t-il pas son exacte réplique dans le squale ? N'est-ce pas dans les deux cas la même existence à la fois invisible et obsédante ? Et de même que le père du chevalier ne manifeste sa présence qu'à travers celle de son fils « l'Aigle » c'est à dire un oiseau, le requin ne se révèle-t-il pas d'abord par son attribut ailé, son « aileron » ? Nous ne serons donc pas étonnés que ce soient de petits poissons volants — c'est-à-dire des oiseaux issus du poisson — qui sauvent les héros de la dernière menace du « Seigneur de la mer », et aussi de la plus grave. C'est en suivant leur vol à la jumelle, dans *Coke en stock,* que Tintin aperçoit le périscope du sous-marin venu les couler et répondant au nom de code de « requin [9] ».

Après que la réconciliation finale du *Temple du Soleil* nous a appris que l'ancêtre — « l'Aigle » — n'était pas le vrai coupable, il appartenait encore à un oiseau de dévoiler d'un coup d'aile le sens des représentations chargées de supporter le secret de ses origines (être un volatile issu du poisson, autrement dit un bâtard) et de dénoncer la menace que continue à faire peser sur les héros le seul responsable de toute l'affaire, le requin, autrement dit le père de l'ancêtre acharné à garder préservé le secret [10].

Revenons-en alors à la question posée par Hergé. Le hibou, la pie, et le perroquet pourraient bien représenter, respectivement, chacune des trois générations impliquées dans la transmission du secret du chevalier.

Le perroquet, tout d'abord : le lien privilégié qui unit le capitaine à l'oiseau n'échappe pas à la Castafiore. Dans *Les bijoux,* elle lui en offre un superbe afin qu'il devienne son « plus fidèle compagnon ». L'annonce de l'union de la cantatrice et du « loup de mer » ne précède-t-elle pas d'ailleurs la publication d'une photographie révélant l'intimité de la diva et du volatile ? Sur l'image, l'étonnement de celui-ci n'a rien à envier à celui que manifestera le capitaine confronté aux rumeurs de mariage avec la Castafiore. L'un et l'autre seraient-ils pour la chanteuse interchangeables ? En tout cas nous avons vu de quelle manière le capitaine, lorsqu'il « n'est plus lui-même », devient à son tour le « perroquet » du chevalier, condamné à répéter sous l'emprise de la boisson les injures que son ancêtre a dû taire. Déjà les perroquets, sur l'île du *Trésor,* étaient les volatiles élus pour en préserver la mémoire. Ainsi le perroquet est-il l'équivalent du capitaine en tant que, croyant parler pour lui-même, il parle aussi parfois pour un autre.

Le hibou est le second des trois oiseaux à apparaître dans la dernière case des *Bijoux.* Rappelons que l'animal, pour avoir terrifié la Castafiore par ses déplacements nocturnes, avait provoqué une enquête de la part de Tintin. « Il sera venu faire son nid au grenier », conclut le jeune reporter toujours empressé de trouver — et de donner aux lecteurs — une explication logique. Cette attitude, il est probable qu'Hergé la partage. Mais une fois de plus, puisque c'est à un créateur d'images que nous avons affaire, mieux vaut croire le dessin que le texte : or, de nid, nous n'en voyons pas. Tout juste quelques pas solitaires de l'animal, puis un hululement, celui-là justement que la bande dessinée utilise pour signifier les sanglots. La Castafiore, en nous parlant de hantise, pourrait bien avoir raison. Et le hibou être la dernière incarnation ailée de l'ancêtre. Mais d'où vient que la métaphore, après avoir été royale (l'Aigle du texte des parchemins) soit devenue commune — un simple hibou ? Le rapace, en devenant plus familier, a cessé également d'être diurne. Serait-ce que le chevalier est rentré dans la nuit d'où il peut encore habiter les rêves des vivants sans jamais plus hanter leurs jours ? En tout cas, il ne s'agit pas d'une chouette (alors que cet oiseau intervient pourtant ailleurs dans l'album), mais d'un animal que la définition du *Robert* nous donne sans ambiguïté pour être l'image privilégiée d'un « vieil homme solitaire et taciturne »... comme le chevalier ?

La pie, troisième et dernier oiseau à apparaître à la fin des *Bijoux*, fait son entrée dans *L'île noire*. Elle a emporté la clef du garage des pompiers pendant que l'incendie allumé dans la villa du docteur Müller menace Tintin endormi par les émanations d'un flacon de chlorophorme. C'est dans le nid de l'oiseau que le capitaine Harry doit aller la rechercher. Que ce soit dans *L'île noire* ou dans *Les bijoux*, il faut décidément grimper à la cime de l'arbre pour trouver son secret. Ici, c'est une clef. La porte du garage des pompiers refuse pourtant toujours autant de s'ouvrir pendant que le feu menace sans cesse plus la vie de Tintin. La femme du capitaine survient et nous éclaire : « Tu seras donc toujours aussi distrait, Harry ! Voici la clef du garage ! Tu avais pris celle de notre cave [11]. » Entre l'édition de 1946 et sa refonte en 1966, cette femme est l'un des très rares personnages de l'album à avoir changé de visage : elle y acquiert curieusement celui de la Castafiore (le dénouement des *Bijoux* date, rappelons-le de 1963, c'est-à-dire de quelques années avant cette refonte). Une Castafiore qui aurait, il est vrai, troqué sa propre coiffure contre celle de sa camériste. Mais Irma n'est-elle pas l'ombre de sa patronne ? Ainsi une pie voleuse vient-elle au secours d'une maîtresse de maison pour ôter des mains d'un capitaine la clef d'une cave... Une pie voleuse, c'est-à-dire une « gazza ladra », c'est-à-dire justement l'intitulé du rôle sous lequel la Castafiore triomphe à la fin des *Bijoux.*

Or cet album placé dès son titre et sa couverture sous le signe de la Castafiore l'était aussi sous celui de la pie : dès la première case c'est en effet une pie que nous voyons en gros plan. La chanteuse enfin s'avère tout au long être « bavarde comme une pie ». Bavarde pour ne rien dire, ou bien pour éviter que ne soit dit quelque chose ? Ne parvient-elle pas à brouiller toute communication et à rendre confus jusqu'au paisible Nestor ? En désintégrant toute possibilité de communication, comment laisserait-elle encore place à quelque question que ce soit ? Nous avons vu que le thème du joyau gardé sous clef était un enjeu manifeste des *Bijoux.* Nous verrons bientôt que la désignation de la Castafiore comme détentrice d'un secret pourrait bien en être l'enjeu latent. Ainsi la pie apparaît-elle comme la métaphore ailée de la gardienne du secret, la Castafiore elle-même. La désignation du receleur est tardive par rapport à la mise au jour du secret lui-même. Il est vrai que pour mener à bien celle-ci, il aura fallu l'entrée en scène d'un autre capitaine, de marine celui-là, et non plus des pompiers, un capitaine nommé Haddock et non plus Harry [12]. Il aura fallu également que Tintin, à la fin du *Trésor de Rackham le Rouge,* explore cette cave et y découvre le trésor d'une filiation...

*
**

Fort de ces quelques réflexions, envisageons donc à nouveau l'épreuve qu'Hergé nous a lui-même proposée : l'interprétation de la dernière case des *Bijoux*. Les trois oiseaux y sont réunis, avons-nous dit, et d'une façon que l'auteur avoue lui-même être significative de conflits enfin résolus. Faut-il dire « unys » comme les trois fils du chevalier pour découvrir son douloureux secret ? Les trois oiseaux en tout cas entourent une plaque de marbre brisée, la quatrième marche du grand escalier de Moulinsart où se retrouvent à la fois le chiffre de la dynastie de l'ancêtre du souverain syldave, Ottokar IV, et le nombre d'albums consacrés à l'exposé, puis au dénouement du secret du chevalier. Ce secret, à l'image du marbre qui recouvre la tombe d'un disparu, est maintenant bel et bien ouvert, brisée la crypte et avec elle le cortège de malédictions qui l'accompagnait. Autour du symbole de cette ouverture siègent les représentations ailées des personnages qui en étaient les protagonistes : d'un côté, le hibou, c'est-à-dire l'ancêtre lui-même, porteur du secret d'un autre et créateur d'un second, destiné à la fois à cacher et révéler le précédent. De l'autre côté, le perroquet, c'est-à-dire le descendant lui-même condamné à son insu à répéter les mots de l'ancêtre. A côté de lui enfin, la pie gardienne du secret dont l'analogie avec la Castafiore ne peut plus longtemps échapper à nos investigations.

HERGÉ ET LA QUESTION MATERNELLE

La représentation de la douleur maternelle de séparation succède donc, dans les *Aventures*, à la levée d'une problématique de fantôme. Nous avons vu que cette problématique était nouée autour d'une paternité non reconnue. Mais cette problématique constituée pour Haddock-Hergé à partir des éléments d'une histoire familiale, peut-on dire quelle branche de sa généalogie elle concerne ? Est-ce la branche paternelle, ou bien la branche maternelle ? La façon dont le dénouement paternel est suivi d'une mise en scène des enjeux de la filiation maternelle ne prouve rien quant à la branche concernée : ce dénouement était dans tous les cas nécessaire pour aborder dans des conditions optimales les enjeux les plus archaïques et les plus mal maîtrisés de la première relation avec la mère. Par contre, trois éléments du récit au moins nous incitent à penser que c'est bien le personnage en situation maternelle qui pourrait être concerné par l'imbroglio généalogique.

Nous avons déjà mentionné l'analogie de la Castafiore avec la pie gardienne du secret. Voyons ici les deux autres arguments :

1°) Tout d'abord, il y a l'ambiguïté du personnage représenté par le Yéti. Certes, comme nous l'avons dit, la souffrance de « l'homme singe » privé de Tchang est bien celle dont l'attente avait été posée tout au long du cycle paternel. Dans *Tintin au Tibet* comme dans *Le temple du soleil,* les deux héros se lancent à l'assaut des montagnes à la recherche d'un ami très cher enlevé par un être redoutable. Et dans les deux cas, le dénouement vient de la lumière selon l'ancienne formule des trois parchemins : dans *Le temple,* c'est l'astre solaire lui-même qui sauve les héros ; dans le *Tibet,* une pauvre ampoule de flash électrique. Mais comme l'écrivait Hölderlin : « Rien n'est si sombre dans la nuit que le matin ne puisse y remédier »... Et faute de la lumière de l'aube, un simple éclair peut parfois dissiper bien des monstres...

Mais d'où vient que Tchang, dans le récit de l'enlèvement, parle de la créature en lui attribuant une identité maternelle ? Le Yéti, nous dit-il, l'a « nourri », « réchauffé », et « soigné ». Quant à son cri final, c'est dans un désert désolé comme un paysage lunaire qu'il retentit. Désolé et glacé. Or nous avons vu que la glace lunaire pourrait bien constituer pour Hergé la première approche d'un personnage maternel incapable de créer pour l'enfant l'environnement sécurisant nécessaire, et d'être en particulier son premier miroir (deux caractères qui sont justement, sur un mode parodique cette fois, le fondement de la relation que la Castafiore noue avec son entourage dans *Les bijoux*). Ainsi le cri par lequel se trouve mis un terme à l'imbroglio de la généalogie paternelle est-il poussé dans un décor caractéristique d'une froideur (c'est-à-dire d'une distance) maternelle. Tel est le second argument m'incitant à situer cet imbroglio du côté de la parenté maternelle.

2°) Le troisième argument concerne *Les bijoux de la Castafiore*. Nous avons vu qu'avec cet album, Hergé restitue aux enjeux de son œuvre leur dimension familiale. Mais la présence silencieuse du fétiche du chevalier veille sur toute l'histoire, arrondissant sa bouche de bois derrière chaque apparition de la chanteuse. Présence silencieuse ? Pas tant que ça ! Voici la diva hantée à son tour : elle entend chaque nuit un « fantôme » marcher au grenier du château. C'est, nous l'avons dit, un hibou qui erre, dernière incarnation ailée de l'aïeul alias le chevalier de Hadoque. Ainsi Hergé, dans l'autoparodie qu'il nous donne de son œuvre, rattache-t-il la hantise à son seul personnage féminin, alors même que ce personnage est chargé de supporter des représentations liées à la mère des premières relations.

Ces deux séries de réflexions nous engagent à faire une ultime hypothèse : le « fantôme » dont Hergé semble avoir tenté de se libérer dans les deux premiers tiers de son œuvre pourrait bien avoir été hérité par lui de sa branche maternelle. C'est-à-dire que c'est ce fantôme, présent dans les préoccupations de sa mère, qui aurait fondé pour elle l'obstacle à une élaboration de la séparation au moment des premières manifestations d'autonomie de son fils. Et pour celui-ci l'impossibilité d'accéder au fantasme de sa mère attristée de sa propre séparation.

La « glace lunaire » réaliserait alors la condensation de deux idées dont nous avons vu l'intrication tout au long de cette œuvre : l'incapacité maternelle à renvoyer à l'enfant une image stable et fiable dans laquelle il se reconnaisse ; et d'autre part les sentiments maternels « glacés », c'est-à-dire moins leur froideur que leur caractère fixé à des représentations chargées de signifier l'ancêtre, larmes gelées s'interposant entre la disponibilité maternelle et les exigences de l'enfant. Interprétation qui pourra sembler hasardeuse, mais qu'il serait encore plus hasardeux de ne pas formuler, tant le lien est étroit dans cette œuvre entre la mise à jour du fantôme dans une filiation paternelle et l'abord de la filiation maternelle. La bande dessinée alors pourrait bien avoir constitué la tentative du fils d'objectiver les préoccupations maternelles qui lui échappaient sans cesse afin de pouvoir enfin l'imaginer libre des entraves du passé, libre et disponible comme support de sa propre quête identificatoire, dans l'assurance d'une douleur de séparation qui le concerne bien lui, et plus seulement, à travers lui, un fantôme. Hergé, si discret sur sa vie familiale et sa propre enfance, confie, dans une ultime interview enregistrée trois mois avant sa mort, que sa mère est décédée en 1946. 1946, c'est-à-dire l'année où, à la fin du mois de septembre, il commence la rédaction du *Temple du soleil,* suite théorique des *Sept boules de cristal* terminé deux ans plus tôt, mais surtout, comme nous l'avons vu, album de la reconciliation enfin possible de l'ancêtre et de son père. Le décès de la mère, porteuse — à son insu ? — de la douleur d'un fils pour son père, aurait-elle été la condition de cette mise au jour ?

Alors, la fin de l'ultime album de la série — *Tintin et les Picaros* — pourrait bien réaliser le vœu du jeune Georges Remi qui est aussi celui de la partie enfantine d'Hergé projetée dans le personnage de Haddock : la Castafiore (c'est-à-dire la mère) serre contre elle le capitaine et l'embrasse. « Je savais bien que vous viendriez me tirer de là. » Elle n'embrasse justement pas Tintin, le héros toujours soucieux de faire plaisir aux parents, mais Haddock, incarnation des émotions profondes de Hergé longtemps condamnées à l'étouffement par l'atmosphère familiale. « Je savais bien que vous viendriez me tirer de là », c'est aussi « je savais bien que vous ne m'abandonneriez pas ». Par où est mis en mots, dans la bouche de la cantatrice, le fantasme de la mère attristée de la séparation mais en même temps confiante dans les sentiments les plus profonds et les plus riches de son enfant.

Ainsi, après *Les bijoux de la Castafiore* et la représentation de la douleur maternelle au départ d'un enfant choyé, *Tintin et les Picaros* ajoute la certitude que l'affection réciproque n'en sort pas altérée. « Je savais bien que vous viendriez me tirer de là. » C'est dire si ce baiser final est éloigné d'un quelconque « vœu œdipien » (et quel piètre vœu ce serait en effet !). C'est le dernier hommage rendu par l'enfant à sa mère avant de la quitter définitivement, et, avec elle, la bande dessinée... Car la Castafiore tirée de sa prison par Haddock, c'est aussi l'ultime incarnation de la mère d'Hergé enfin délivrée par lui de son tourment, enfin rendue à sa liberté après avoir été prise en otage — ici l'espace d'un album et là l'espace d'une vie ? — dans une histoire qui ne la concernait pas. Une histoire d'hommes justement : plus précisément une histoire de pouvoir usurpé, une vieille histoire remontant à plusieurs albums précédents — plusieurs vies, plusieurs générations ? —, l'histoire d'un fils et de son père. Mais il y a pire encore : de cette histoire, n'aurait-elle pas été injustement tenue pour responsable ? Sa distraction n'aurait-elle pas été prise pour du machiavélisme ? Son bavardage pour le désir de vouloir tout embrouiller afin de préserver, elle aussi, le secret honteux du père de l'aïeul ? L'analogie de la chanteuse et de la pie voleuse — et *cacheuse* — nécessitait un ultime correctif. A la fin de *Tintin et les Picaros,* la Castafiore est jugée pour être l'instigatrice d'un complot. Le capitaine se lance à son secours. N'a-t-elle pas été accusée à tort d'être le « cerveau » alors qu'elle n'est que la victime, tout comme Haddock lui-même ? L'enfant, face à l'indisponibilité de sa mère ou à sa quête incessante d'une réassurance narcissique auprès de lui, n'est-il pas tenté de même, quand il commence à s'en dégager, d'accuser sa génitrice ? Le procès bien sûr tourne à la confusion des accusateurs. Après la libération de l'innocente et les effusions des retrouvailles, Georges Remi a bien mérité de découvrir les plaisirs de la vie ! Il a rempli la tâche qu'il s'était crue assignée par la distance et la préoccupation maternelle : en comprendre les causes, et la libérer ; lui rendre sa disponibilité afin qu'elle lui soit, à lui, enfin disponible et qu'il puisse ainsi s'en séparer lui-même ; mettre à jour une histoire familiale dont le secret pesant les menaçait tous deux afin de rendre chacun à son propre destin.

Successivement, il est parvenu dans le cycle Haddock à la mise en scène et à la résolution d'un secret familial. Puis il a ouvert la voie à l'évocation tragique de la froideur de la mère, suivie de son évocation humoristique à travers la « distraction » de la Castafiore. Enfin il a accédé à la représentation de la douleur de séparation éprouvée par elle. Son activité graphique perd alors le caractère compulsif qu'elle revêtait auparavant, révélant ainsi la continuité de cette activité avec les préoccupations de la première séparation.

Mais ce questionnement mené par Hergé-enfant sur le psychisme maternel, dans quelle mesure en possède-t-il lui-même la solution ? Cette reconstruction qu'il fait d'un « fantôme », dans quelle mesure correspond-elle à un fragment — bien entendu déplacé et reconstruit — de l'une de ses lignées familiales ? Dans quelle mesure correspond-elle à la réalité psychique maternelle ? C'est une question que nous envisagerons plus loin, dans la discussion générale sur le geste graphique. Mais afin de respecter la polysémie propre au dessin, et sans que l'une soit exclusive de l'autre, je proposerai d'abord une autre hypothèse.

A travers l'élaboration indépendante d'une génération maternelle et d'une génération paternelle, que voyons-nous en effet ? D'un côté, une figure masculine (le chevalier) accaparée par un père mythique, dont le fils spirituel (le capitaine Haddock) tente de retrouver les vestiges afin de l'assurer de sa propre filiation [13]. Et de l'autre, une femme envahissante centrée sur un adulte qu'elle infantilise, représenté ici encore par le capitaine. C'est bien l'impossibilité d'un couple parental qui domine l'œuvre d'Hergé. Et nous ne sommes pas étonnés que lorsque trois mois avant sa mort, il nous parle enfin de son enfance, ce soit comme d'une « espèce de grisaille » et de l'atmosphère familiale comme d'une

« absence de véritable contact[14] ». Il est frappant alors qu'Hergé ait imposé un mode d'expression où le dessin et la légende ne se juxtaposent plus, comme dans les histoires en images qui existaient avant lui, mais s'interpénètrent étroitement. « Que faut-il lire en premier, le texte ou l'image ? », disent ceux que ce mode de communication déroute. Mais pour ses amateurs, tout comme pour Hergé qui a su en imposer le style, la bande dessinée n'obéit pas à cette logique. Elle est « une » comme est « une » la relation qui unit le lecteur à sa lecture : ici s'offrent ensemble à la vue et à l'intelligence une image et un texte, objets complémentaires et non plus concurrents d'exploration et de jubilation, de déchiffrement et de jouissance.

Une expression, tout particulièrement, lui plaît, nous dit encore l'auteur dans son ultime interview : « Relier ». Le genre qu'il a su créer assure en effet plus que tout autre la complémentarité enfin retrouvée du graphisme, reflet d'un imaginaire développé dans une complicité privilégiée avec la mère, et des contraintes symboliques de l'écriture, c'est-à-dire des effets d'une filiation paternelle. Quoi qu'il en soit, chacune de ces deux hypothèses fait une place centrale à la difficulté d'Hergé — dont il s'est fait lui-même l'écho — à pouvoir vivre sa propre agressivité. De l'enfouissement de la colère à la constitution d'un idéal de « pureté », il n'y a qu'un pas, vite franchi par un boy-scout... au risque de laisser bien d'autres émotions échapper dans cette métamorphose.

La glace pourrait alors être considérée comme l'équivalent de la fureur froide d'Hergé, colère étouffée et mise à distance là où elle ne peut plus nuire à personne... par exemple sur la lune. Hergé traversant la plus grave crise de sa vie la retrouve pourtant bien sur la terre, cette glace, au Tibet précisément. Cet album, nous dit-il, a correspondu pour lui à un moment crucial, un moment où il reconnaissait « qu'il n'était pas parfait ». En d'autres termes, un moment où il a pris conscience de ses propres mouvements agressifs. Encordé au capitaine qu'un faux mouvement a précipité dans le vide, Tintin cache mal ce que ce lien si étroit lui coûte : « Pauvre capitaine, il ne se doute évidemment pas qu'à chaque secousse, la corde m'entre davantage dans la chair [15]. » L'enfant idéal souffre des écarts de l'enfant réel comme la mère elle-même a pu en souffrir. Mais le capitaine décide de se sacrifier. Un tiers survient pour sauver ensemble les deux moitiés hergéiennes, un tiers que tout nous indique pour être, après le Baxter de *Objectif Lune,* une dernière figure paternelle : le Sherpa Tharkey. Mais ce dilemne exposé tout au long de la page 40 du *Tibet* n'est-il pas justement aussi celui de la toute première relation mère-enfant, lorsque le « détachement » ne peut justement y être appréhendé que sur le modèle d'une catastrophe ?

Avant que *Les bijoux de la Castafiore* ne nous ait confirmé que c'est bien de la séparation d'une mère et de son enfant dont il s'agit, *Tintin au Tibet* nous révélait déjà l'enjeu dont les premiers mouvements sont porteurs.

Nous allons voir que ces enjeux pourraient bien être aussi ceux de toute activité graphique.

Troisième partie

TINTIN ET LE SECRET DU DESSIN

Des *Aventures de Tintin* à l'aventure graphique

« Ces deux moyens d'expression — la peinture et la bande dessinée — n'ont strictement rien de commun ni de comparable. Ce sont deux langages différents avec leurs lois propres... »

Entretiens avec Hergé, op. cit., p. 61.

Ces réflexions ne prétendent pas rendre compte de la complexité de l'œuvre hergéienne, et moins encore vouloir expliquer son succès. Le monde de *Tintin*, comme ceux auxquels nous introduisent les œuvres de Balzac, de Zola ou de Proust, est un espace trop vaste pour se laisser enfermer dans les limites d'aucun « argument ». Il ne reste au commentateur qui s'y risque qu'à choisir l'un des fils de l'œuvre et de le suivre. La question de savoir si le créateur a pu penser les hypothèses que le critique argumente perd du même coup toute raison d'être.

Je m'en suis tenu ici à une lecture psychologique. D'autres déchiffrages auraient été possibles, en particulier sémiologique et sociologique. Mieux encore. Des différents niveaux de psychologie possibles j'ai choisi de n'en explorer qu'un seul [1].

Ainsi n'ai-je rien dit par exemple de la psychologie apparente des personnages. (Il est vrai que dans *Tintin* ce niveau est particulièrement simple du fait qu'aucun des personnages destinés à prendre en charge une facette de la personnalité hergéienne ne présente — sauf progressivement Haddock — de conflit intérieur.)

Le second niveau de lecture possible concerne la compréhension des personnages d'une œuvre selon les catégories cliniques mises au jour par la psychanalyse. Une telle approche a provoqué bien des abus. A quoi sert de voir dans Tintin l'incarnation des « exigences de l'Idéal du Moi » ? D'épingler les tendances « orales, hystériques et passives » de Haddock ? De stigmatiser le « narcissisme phallique » de la Castafiore [2] ?

Le seul niveau que j'ai retenu concerne donc la structure narrative de l'œuvre et les fantasmes inconscients dont elle témoigne. Nommer cette démarche ne saurait pourtant dispenser de la justifier. Et puisque j'ai annoncé au début que mon approche de l'œuvre hergéienne centrée sur la séparation correspondait au désir de rester au plus près de sa spécificité, il me faut maintenant en donner les raisons.

L'INCONSCIENT DU TRAIT

Tout le monde connaît l'histoire d'Œdipe, cette affaire de cœur où un enfant doit se débrouiller avec ses sentiments contradictoires — amour et haine — vis-à-vis de ses parents. Et tout le monde sait que la forme la plus commune en est l'amour pour le parent de sexe opposé et l'hostilité pour le parent de même sexe, avec le désir — mitigé il est vrai — de l'envoyer au diable et de prendre sa place. De nombreux scénarios intérieurs sont destinés à mettre en scène ces désirs ou au contraire à protéger contre eux : rêveries de parents différents des parents réels, l'enfant s'estimant alors « enlevé » ou « trouvé », naissance de parents illustres, etc. Ces thèmes sont présents dans toute forme de création romanesque comme la trace des conflits où elle s'enracine. L'œuvre d'Hergé, par son aspect d'aventure romancée, n'y échappe pas. Et une étude de la thématique œdipienne dans les

Aventures ne manquerait pas d'en apporter de nombreuses et convaincantes illustrations. Il n'est pas sûr pourtant que cela puisse nous informer sur la particularité de cet auteur, qui est justement d'avoir su couler le traditionnel récit d'aventures dans une forme radicalement nouvelle, la bande dessinée. Tel est bien le problème que nous pose en effet l'œuvre hergéienne : la création d'un genre nouveau caractérisé par l'intrication d'un texte et d'une image, élevé dans le même temps par son auteur à la dimension d'un art.

Or nous avons vu que ce n'était pas la moindre curiosité des *Aventures* que d'accumuler différentes figures de couples d'inséparables, tantôt complémentaires et tantôt semblables : dans le premier cas ce sont Tintin et Milou, Tintin et Haddock, puis les différentes combinaisons possibles après l'apparition de Tournesol et de la Castafiore. Dans le second ce sont bien sûr les Dupond et Dupont, semblables à un poil près puisque seule l'extrémité de leur moustache diffère...

Mais qu'est-ce qu'une bande dessinée, sinon l'association elle aussi indissociable d'une écriture et d'une iconographie ?

Le récit hergéien, tout entier consacré aux différentes combinaisons et avatars d'une séparation impossible, choisit donc un langage organisé par l'insécabilité de deux principes narratifs : des images qui « donnent à voir », comme Haddock. Et des textes qui explicitent, comme Tintin, aussi peu « photogéniques » que le visage toujours égal du jeune reporter et comme lui tout entiers voués à la symbolisation. Et même l'invention des Dupont et Dupond apparaît comme une trouvaille propre au genre, puisque la similitude phonétique et presque graphique de leur identité n'est démentie que par l'écriture de leurs noms. (Comment les deux policiers peuvent-ils être jumeaux et porter deux noms différents, c'est une question à laquelle Hergé ne semble jamais s'être attaché...)

Pour tenter de rendre compte de cette originalité de la bande dessinée, les sémioticiens ont créé de leur côté l'expression de « conglomérat icono-syntaxique ». Expression assez rébarbative on le voit, surtout apte me semble-t-il à rendre compte de la répulsion qu'elle inflige à certains. Il n'en reste pas moins que la bande dessinée offre dans un trait *unique* la continuité d'une lecture *multiforme.* Et puisque ce trait est, dans les allers et retours du texte à l'image et de l'image au texte, le seul et unique support de continuité de notre lecture, c'est de lui qu'il faut partir.

Mais comment aborder les enjeux du tracé dans *Tintin* ? Hergé n'y a mis en scène aucun dessinateur. Et il nous a peu parlé du plaisir qu'il prenait à dessiner. Son œuvre pourtant nous offre un détour par lequel aborder le sens pour lui du geste de dessiner.

Si la fin des *Bijoux* confirme la séparation de l'émeraude et de la diva, ainsi que la joie de Haddock enfin affranchi de la chanteuse, elle signifie également la libération de leur auteur. Tout bascule pour lui, nous dit-il, au moment des *Bijoux.* Sa relation au monde se teinte d'une sérénité sans précédent. Il découvre le plaisir de flâner, de ne rien faire, de profiter de la vie sans but. En un mot, l'auteur cesse de se sentir « enchaîné à sa table de travail ». Et la modification du contenu de ses albums témoigne tout naturellement de ce bouleversement. Or, du point de vue qui nous intéresse ici, Hergé, à partir de ce moment, ne dessine pas seulement sur des scénarios différents, *il dessine surtout de moins en moins.* A la différence de tant de peintres ou de dessinateurs dont les dernières années sont accaparées par le trait (Léonard de Vinci, Goya, etc.), Hergé lui s'en détourne. Est-ce parce qu'il serait parvenu à la réconciliation avec lui-même que son crayon cherchait ?

« Qui est le capitaine, ici, vous ou moi ? », demande Haddock à Tintin dans les *Picaros*. « Vous bien sûr », répond celui-ci. Rien n'est changé pourtant dans la relation entre les deux hommes, et c'est Tintin qui continue à mener les *Aventures*. Mais il est difficile de ne pas entendre dans cet échange l'écho des bouleversements qui se sont opérés pour l'auteur depuis le *Tibet*. Tintin, le héros tel qu'Hergé « aurait voulu être » (entendons tel qu'il crut, enfant, que ses parents souhaitaient qu'il soit), reconnaît céder la priorité aux émotions vitales du capitaine. Ce moment correspond à la fin du clivage entre Tintin, l'enfant idéal reflet des aspirations éducatives et des désirs parentaux, et Haddock, l'enfant réel porteur des sentiments infantiles avec lesquels la bonne éducation rentre si souvent en conflit.

Mais nous avons vu aussi qu'avec *Les bijoux* Hergé parvenait à une formulation explicite du thème sous-jacent à toute son œuvre, celui de la tristesse maternelle de séparation. Quel lien secret unit la tension intérieure qui poussait préalablement l'auteur à dessiner et le dénouement de cet album ? Si ensuite Hergé dessine moins, ne serait-ce pas parce qu'un élément essentiel de sa motivation graphique y aurait reçu sa solution ?

Cette solution, nous l'avons dit, a toutes les allures d'une construction propre à éclairer sur le caractère étrange et étranger d'une mère à son enfant. Mais si elle témoigne de l'inconscient propre à Hergé, de quelle façon peut-elle aussi nous informer sur le désir de dessiner ?

Puisque les mises en scène des *Bijoux* ont coïncidé pour Hergé avec un effacement de la nécessité graphique, c'est avec les enjeux du dessin que nous allons maintenant confronter les thèmes qui y sont abordés. Et d'abord avec ceux des tout premiers traits tels qu'ils apparaissent chez l'enfant aux environs de la seconde année. En effet, bien avant le geste par lequel l'artiste laisse sa main le surprendre, les premiers gribouillis nous offrent l'exemple d'une activité graphique dénuée de toute intention figurative. Ainsi révèlent-ils cette vérité essentielle : que le dessin est d'avant la représentation ; que le « désigner » premier dont l'éthymologie latine de « dessiner » atteste est à rechercher avant tout contenu formel, c'est-à-dire en deça de la signification littérale symbolique ou artistique du dessin exécuté, dans la dynamique même de son exécution.

Autonomie

La possibilité de se déplacer est retirée à Haddock avec l'annonce de l'arrivée de la Castafiore. Or la première activité graphique apparaît dans un moment particulièrement riche en acquisitions nouvelles qui ouvrent à l'enfant la voie de son indépendance. En particulier la coïncidence est frappante entre le moment d'apparition des premiers traits et celui des premiers pas [3]. C'est dire que le dessin trouve d'emblée sa place dans les enjeux qui confrontent le tout petit enfant à la séparation d'avec sa mère. Plus encore, ces tout premiers gribouillis correspondent à des gestes de *mise à distance.* Il s'agit en effet de mouvements d' « abduction », c'est-à-dire que la main et le bras y sont éloignés de l'axe du corps (le crayon tenu de la main droite inscrit des traits à point de départ axial et à direction gauche-droite ; tandis que, tenu de la main gauche, il inscrit des traits à point de départ axial et à direction droite-gauche) [4]. On voit donc que ces tout premiers gestes de dessiner (auparavant il n'y a que des traces laissées au hasard) reproduisent ceux par lesquels la mère — ou tout autre adulte — éloigne l'enfant d'elle, en même temps que ceux par lesquels l'enfant lui-même peut éloigner une autre personne de lui.

L'activité graphique qui apparaît en même temps que les premières manifestations actives d'autonomie et qui enregistre des gestes mimant ceux de l'éloignement pourrait bien constituer le lieu privilégié d'intériorisation des désirs contradictoires qui lui sont liés ! D'autant plus que ce moment où l'enfant découvre la possibilité d'exprimer de façon active son désir d'indépendance est, pour sa mère aussi, un moment critique. Il mobilise en elle la capacité à renoncer à la dépendance réciproque qui avait marqué les premières années de la vie. Les premiers pas, en confrontant la mère à la séparation de son enfant, la renvoient au moment de la séparation d'avec sa propre mère. Et l'enfant, dans la nécessité de constituer une représentation de sa mère distincte et séparée, est également confronté à la nécessité de former une représentation d'elle capable de le contenir lui-même en pensée comme distinct et séparé.

Bobine (jeu de la)

Nous avons vu que le jeu de la bobine, avec ses deux temps successifs, était apte à rendre compte du scénario à travers lequel Hergé met en scène les conditions du détachement maternel. Mais le trait seul ne mobiliserait-il pas déjà ces enjeux ? Rien de plus « désordonné » que les premières inscriptions de l'enfant : la succession de mouvements qui s'y trouve reproduite correspond strictement aux possibilités motrices du moment, à tel point que les premiers gribouillis ont pu être considérés comme la meilleure mesure de l'évolution de ces possibilités. Mais cette explication en termes de neurophysiologie n'explique pas que le petit enfant choisisse de prendre un crayon (ou tout autre moyen d'inscription), du papier (ou tout autre surface réceptrice), et qu'il les mette tous deux en contact pour obtenir le tracé de son geste. Elle n'explique pas non plus qu'il fasse de cette activité répétitive l'occasion d'un apprentissage. Ni enfin que cette activité soit pour lui la source d'un plaisir majeur, d'une véritable jubilation [5].

Puisque c'est le jeu de la bobine qui nous a servi de point de départ, voyons alors plus précisément la relation que ce jeu entretient avec le mouvement de l'inscription.

— Tout d'abord, de même que le jeu de la bobine est organisé autour des deux temps successifs d'un « jeter » et d'un « regarder », le geste de dessiner chez le petit enfant comporte deux phases : dans un premier temps, l'enfant inscrit son trait d'un geste qu'il ne contrôle pas encore visuellement. Puis dans un second temps, il découvre sa production [6]. C'est-à-dire que dans les deux cas, au temps du jet (de la bobine ou du trait) qui mobilise l'activité musculaire, succède celui des retrouvailles visuelles.

— Ensuite, dans les deux cas, le plaisir maximum est attaché à la seconde de ces phases : celle qui correspond au retour visible de la bobine dans un cas, et à la découverte d'une concentration graphique consécutive au geste dans l'autre.

— Pourtant, à la différence du jeu de la bobine où celle-ci existe avant d'être jetée au loin, la trace ne préexiste pas aux mouvements du bras et de la main par lesquels elle est inscrite. Cette situation qui pourrait paraître invalider notre rapprochement avec le jeu de la bobine apparente en fait le geste graphique au troisième temps de celui-ci : lorsque le petit Ernst joue, d'un mouvement rapide, à faire surgir sa propre image dans un miroir qui lui fait face [7]. Ne reproduit-il pas alors, avec tout son corps, ce que produit de manière isolée le geste graphique ? Dans celui-ci, il y a en effet mouvement, puis visualisation du mouvement. La surface blanche du papier est alors le premier miroir où se donne à voir la matérialisation du geste. Et l'effet de jubilation remarqué par les commentateurs pourrait bien résulter du passage d'une perception musculaire et articulaire du mouvement (du fait des organes des sens qui se trouvent à l'intérieur du corps) à une perception visuelle de son équivalent, le trait. La confrontation de ces deux types de perception, la première anticipant la seconde, n'est pas non plus sans évoquer ce qu'écrit Lacan du « rôle formateur du stade du miroir ». Mais dans le trait, et à la différence du « stade du miroir », il s'agit seulement d'un schéma moteur isolé dont l'enfant n'a pas encore la maîtrise totale, et de sa relation à la trace en tant que témoin visuel de ses différentes phases : mouvements du poignet, du coude, va-et-vient du gribouillage, etc.

Le sens du geste de dessiner pourrait bien alors se trouver du côté de la fonction de miroir que remplit le papier. Et puisque c'est au visage maternel qu'il appartient de refléter à l'enfant, avant la surface polie du miroir, la première ébauche de lui-même [8], c'est bien avec lui tout autant qu'avec l'image propre de soi que le trait pourrait avoir affaire. Ainsi suis-je amené à avancer ce qui, peut-être, paraîtra à certains hasardeux : tout trait prendrait son sens de la relation qu'il entretient avec les premiers « traits » où l'enfant trouve à se refléter, c'est-à-dire ceux du visage maternel. Et il tirerait une grande part de son effet attractif de sa capacité à pouvoir se prêter à une manipulation que n'aurait pas permis la mère dans son premier effet de miroir pour l'enfant.

Miroirs

Il y a beaucoup de miroirs, avons-nous dit, dans *Les bijoux*. Mais le papier ne serait-il pas pour le dessinateur un miroir ? Pour le graphologue tout trait est un portrait. Et lorsque nous laissons notre crayon vagabonder sur une feuille, il est rare que ce ne soit pas quelque visage qui finisse par s'imposer. Enfin, dans un entrelacement de traits et de hachures, ce qu'on appelle couramment un gribouillage, il est probable que les premières formes qui nous apparaîtront seront encore des visages. Mais est-ce le visage de soi, ou, comme pour Haddock découvrant la Castafiore dans un miroir qui lui fait face, le visage maternel ? Ou l'un et l'autre confondus ?

C'est de la capacité d'une mère à pouvoir être pour son enfant un premier miroir (c'est-à-dire à pouvoir lui renvoyer la vérité de ses premières émotions) que dépend la capacité de cet enfant à pouvoir les faire siennes et les intégrer à sa personnalité naissante. Ainsi deviennent-elles la base des sentiments fondamentaux de l'identité subjective, en particulier ceux de véracité intérieure et de respect de soi-même.

A l'inverse, si une mère est pour quelque raison incapable d'accepter les manifestations de vitalité de son enfant (où s'expriment les aspirations naissantes de sa jeune personnalité), il y a tout lieu de craindre la mise en place d'un clivage irréductible. Ce que l'enfant vit, il apprend à le cacher ; d'abord, à sa mère puisque tel paraît être son souhait, et en définitive à lui-même, appauvrissant ainsi d'autant sa capacité ultérieure à se sentir lui-même.

Tel risque d'être d'abord le destin des expressions de mécontentement ou d'irritation. Si de telles manifestations sont normales chez l'enfant (en particulier en réponse aux violences des contraintes éducatives), elles sont en effet également particulièrement propres à mobiliser chez une mère le doute sur ses propres capacités maternelles. Les manifestations d'autonomie de l'enfant qui sont le premier pas vers son devenir adulte peuvent également ébranler la confiance en elle-même d'une mère peu sûre. Enfin tout sentiment de l'enfant, même parmi les plus positifs, risque d'être vécu par lui comme dangereux (dangereux pour sa mère et donc indirectement dangereux pour lui-même dans la situation de dépendance où il se trouve) si la réponse maternelle est absente, négative ou déplacée. Ainsi en est-il d'une mère accaparée par tout élément de son histoire — présente ou passée — d'une manière incompréhensible pour son enfant. Que les traits de son visage, au lieu de refléter les éprouvés du bébé (et leur donner du même coup leur sens) traduisent le désarroi de ses propres préoccupations silencieuses, et l'enfant, inquiet de sa propre responsabilité dans la distance de sa mère, apprend à faire de ses vrais sentiments un monde étranger à lui-même.

Cet enfant devenu adulte risque bien alors de chercher dans les visages d'autrui cette première approbation qui lui a manqué, et devenir un candidat de plus à toutes les familles de substitution, idéologiques, politiques ou religieuses... A moins qu'il ne cherche d'abord à se représenter l'ambiguïté de cette situation initiale. Or le dessin pourrait bien lui en offrir l'image à la fois la plus claire et la plus accessible, parce que reproductible dans la dynamique de chaque trait.

Faisons cette petite expérience. Déposons une tache de couleur sur une feuille de papier. Il est peu probable que nous trouvions un spectateur prêt à considérer notre ensemble « feuille plus tache » comme une peinture (peut-être même certains n'y verront-ils qu'une feuille tachée, c'est-à-dire gâchée).

Essayons maintenant sur une autre feuille, avec un

trait. Là, personne ne saurait contester qu'il s'agisse bien d'un dessin. Il suffit d'un trait et d'un seul pour que l'ensemble acquiert le caractère « dessiné ». A l'inverse de la tache qui appelle un rapport de couleur, c'est avec la surface du papier que le trait s'équilibre et joue. Non seulement il est porté par elle, mais encore il semble en recevoir « quelque chose », comme une présence accrue (un petit tracé sur une petite feuille a moins de présence que le même sur une grande feuille). Entre la surface blanche et lui s'établit un échange, une réciprocité, presque une perméabilité vivante. Le trait respire de la feuille qui le porte, et la feuille, en son inverse, se trouve comme transformée de sa présence : non plus seulement support, mais œuvre elle-même, participant du trait comme si le geste de l'inscription l'avait d'un coup distinguée, et lui avait conféré quelque caractère inimitable.

Pourtant, porté par la feuille qui le nourrit, le trait est aussi ce qui la tranche. L'espace qu'il découpe est d'abord celui de son support. A l'inverse de la couleur qui remplit, il divise. Plus encore. Alors que la couleur posée sur la toile prend un caractère de relief par lequel son espace vient en quelque sorte au devant de nous, le trait s'enfonce toujours davantage dans la feuille au fur et à mesure que nous en fixons les contours. Alors que la peinture impose un recul, une mise à distance de notre regard (bien souvent accompagné d'un mouvement corporel d'éloignement), le dessin mobilise un rapprochement, ou plutôt une intention de proximité. Le trait, en découpant l'espace qu'il organise, semble toujours lancé à la recherche de quelque inconnu situé au-delà de ce que notre regard cerne. Tout dessin prend, pour celui qui le fixe, un caractère de spirale dirigée vers le fond de son propre support, toujours plus loin en arrière, peut-être jusqu'à ce point où son mouvement se confond avec ce qu'il nous renvoie de notre propre perception : alors la feuille devient miroir, et notre regard lancé à la poursuite de cet enfoncement vertigineux apparaît comme le mouvement de notre propre conscience lancée à la recherche d'une représentation qui la fuit toujours.

Les ethnologues ont attiré notre attention sur le fait que tout trait trouverait sa lointaine origine dans les scarifications cutanées, c'est-à-dire dans cette forme primitive d'inscription qui vient d'abord témoigner d'une mémoire du corps. Nos souvenirs les plus anciens ne sont-ils pas à leur image ? Ces souvenirs-là, on l'a compris, sont plus souvent lisibles par les autres que par nous-mêmes, sauf à pouvoir nous découvrir dans un miroir avec d'autres yeux, peut-être comme un corps en fuite, regard tendu à la recherche d'une image qui serait derrière lui, image à déchiffrer et toujours fuyante dans la perspective de mes propres traits. Sauf de nous voir, peut-être, avec le regard qui nous prend à contempler un dessin, et que, si souvent, nous fuyons en passant au suivant... Voire... Le trait pourrait bien n'imposer sa présence que pour mieux rejeter dans le non-vu du papier blanc l'inconnu dont il émerge et qui le supporte. Il ne peut pourtant empêcher que, dans chaque ligne qu'il signe, nous n'apercevions des convexités qui n'existent qu'en symétrie des concavités qu'il cerne, des vérités impossibles à fixer autrement que par leur négatif, des allusions visibles seulement à ceux qui savent, un instant, oublier tout sens. Ce que le dessinateur pointe à travers les tâtonnements de ses multiples reprises pourrait bien être l'approximation d'un irreprésentable dont il tient pourtant pour indispensable la certitude, et que le contenu lisible du dessin ne serait que le prétexte à invoquer. En tous cas, l'image positive de ce qui s'y trouve représenté s'y double toujours d'une image virtuelle que rien ne permet de dégager de la précédente, et qui n'existe pour ainsi dire « qu'entre les lignes » (n'était-ce pas elle que le petit miroir manuel des dessinateurs de la Renaissance tentait de fixer ?).

Ainsi, avant même que la bande dessinée ne constitue l'unité insécable du texte et du dessin, le premier trait nous offrait une autre image de cette insécabilité dans la complétude immédiate et indiscutable qui l'unit à son support, à l'image du visage maternel où se confondaient, indissociables pour le petit enfant, l'image qu'elle lui renvoyait de son identité avec ses propres traits. C'est-à-dire la première ébauche de lui-même avec ses préoccupations à elle.

Dès le début des *Aventures* c'était des traits qui révélaient aux héros les secrets qu'ils cherchent : puzzle de *L'île noire,* parchemins du *Secret de la Licorne,* bas-reliefs de *Vol 714 pour Sydney.* L'album qu'Hergé avait en préparation au moment de sa mort sur les antiquaires et les faux tableaux pourrait bien également confirmer ces préoccupations : rôle des objets comme gardiens des secrets (à la fois métonymie et métaphores des souvenirs oubliés) ; intérêt pour le reflet de soi (surface argentée du miroir ou toile peinte du portrait, à l'image de celui du chevalier de Hadoque qui témoigne d'une si parfaite identité avec le capitaine son héritier) ; importance des faux, enfin, fausses signatures, ou fausses images destinées parfois à mieux sceller de vrais messages.

Traces

Le petit joue avec les traits qu'il produit comme il joue avec des boutons ou des bouts de ficelle. Il leur donne des noms, des attributions à tel point que son tracé devient pour lui, selon l'expression de Arno Stern, une véritable « empreinte vivante [9] ». Une empreinte, c'est-à-dire « une marque en creux laissée par un corps qu'on presse » nous dit le dictionnaire *Robert*. Confusion-défusion, attachement-détachement, cette séparation consécutive à une réunion dont la trace résulte ne serait-elle pas justement la plus propre à rendre compte de la signification première du trait ? Essayons donc de formuler une hypothèse sur les représentations inconscientes mobilisées par le geste de l'inscription.

Tout d'abord, l'enfant, dans le moment où il accomplit le mouvement du tracé (c'est-à-dire la séparation de son trait du mouvement qui le produit), s'identifie à la mère qui l'éloigne de lui et le constitue du même coup en sujet séparé. Puis il contemple le résultat de ce travail et s'identifie à la trace où se retrouve l'image de son mouvement avec une jubilation qui anticipe sur celle qui marquera sa découverte de l'image globale de soi dans le miroir.

Mais cette même séquence comportementale revêt encore deux significations complémentaires. En effet dans le même mouvement du tracé l'enfant est également celui qui rejette la mère tel qu'il s'est senti rejeté par elle à un moment où la séparation ne pouvait pas être encore élaborée par lui. La trace qu'il contemple est alors la mère détachée de lui, maintenant mise à une distance où seul son regard peut l'atteindre.

Nous voyons donc que les représentations mobilisées dans le moment du geste graphique concernent tout autant la mère qui éloigne l'enfant d'elle que l'enfant qui éloigne la mère d'elle. Si ces images complémentaires peuvent être mobilisées simultanément, c'est qu'elles correspondent à une même structure relationnelle que nous pourrions résumer ainsi : un se sépare en deux. La séparation est-elle pour autant acceptée ? C'est peu probable. Nous venons déjà de voir l'ambiguïté du geste de l'inscription qui est de pouvoir représenter dans une figure *unique* (dont tous les graphistes, il est vrai, se sont employés à souligner les deux aspects, positif et négatif de la forme), les effets d'une séparation en deux. Mais ce serait aussi mal connaître les artifices que le regard autorise. Car la trace sitôt née, c'est-à-dire sitôt distinguée du mouvement qui lui a donné naissance, se trouve soumise au regard. Et de tous les sens, la vue est justement le seul qui permette de maintenir l'ambiguïté sur ma propre séparation d'avec l'objet que je fixe : il offre contradictoirement la double possibilité de situer l'objet observé dans un espace réel détaché du sujet qui le fixe, ou bien au contraire de permettre la confusion imaginaire de l'observateur et de l'objet observé [10]. C'est-à-dire que le regard possède la double capacité de permettre la défusion d'avec l'objet primaire, la mère, ou bien au contraire le rétablissement de la continuité fusionnelle avec elle. Ainsi dans la vision l'œil est-il ce qui peut continuer à tenir le trait que la main a laissé courir... ou la mère qu'elle a dû laisser échapper ! La découverte visuelle du tracé vient dans le même temps constater la séparation, mais aussi annuler ses effets et consommer les retrouvailles.

Tristesse de séparation

La feuille blanche, dans le dessin, répond à l'enfant comme une mère pourrait le faire : il modifie son geste et elle lui répond comme un substitut maternel idéal. « Recevant le plus léger mouvement de sa main, elle le restitue à ses yeux », écrit Marion Milner [11]. Cette possibilité pour la feuille de représenter la mère pendant la durée du jeu de l'enfant nous amène à considérer différemment le trait. Il ne signifie plus la mère elle-même, mais la trace laissée en elle par le mouvement même de la séparation, à l'image du trait laissé sur le papier par le mouvement. L'enfant répète sur la feuille les mouvements qui sont ceux de son autonomisation progressive, et celle-ci en retour, comme il attend de sa mère, lui révèle la trace qu'elle en porte ; la trace qui ne signifie justement pas la mort, mais la séparation possible ; la trace en laquelle le mouvement est à la fois présent et absent sur le modèle de ce que l'enfant imagine de sa propre présence pour sa mère lorsqu'il la quitte. Car pour en faire son propre deuil, il doit savoir que son départ à lui laisse en elle une trace identique à celle qu'il porte, en lui, d'elle. La douleur de la séparation ne peut être acceptée qu'à la condition d'être imaginée comme réciproque.

Ainsi le trait prend-il dans le moment du tracé au moins quatre significations différentes, deux à deux complémentaires. Tout d'abord il représente à la fois l'enfant lui-même (sorti de la mère comme l'encre du porte-plume ou la peinture du pinceau) et la mère séparée de son enfant et pour ainsi dire sevrée de lui, comme nous l'avons vu précédemment. Mais il signifie aussi, pour des raisons liées à la capacité du papier de représenter un substitut maternel, la trace laissée dans la mère par cette séparation, sur le modèle de la trace que l'enfant en porte lui-même. Notre proposition « un se sépare en deux » se complète d'une seconde : une trace en résulte. C'est-à-dire une trace *unique* venant signifier à la fois la trace portée par chacun des *deux* partenaires de l'unité duelle rompue, la mère et l'enfant. Nous ne nous étonnerons pas de retrouver ici l'ambiguïté déjà signalée plus haut d'un comportement unique pouvant prendre tour à tour, et même simultanément, des significations opposées. Le dessin ne connaît pas le principe d'exclusion logique d'une signification par une signification opposée. C'est sans obstacle que les contraires s'y juxtaposent et s'y substituent l'un à l'autre sans transition, d'autant plus que la structure de ces formulations contradictoires reste toujours, nous l'avons vu, centrée sur la séparation et ses effets. Le dessin présente donc cette caractéristique de réactiver dans *chaque trait* et indépendamment de la représentation qui s'y trouve figurée, les enjeux d'un psychisme confronté au détachement du psychisme maternel où il s'est d'abord enraciné [12]. C'est autour de cette spécificité que s'organisent les mouvements psychiques mobilisés par le trait : satisfaction d'un détachement réussi, ou au contraire soutien de l'illusion d'un attachement réciproque et indéfectible. Ces deux mouvements s'avèrent finalement moins contradictoires qu'il n'y paraît. C'est seulement d'un attachement réussi, c'est-à-dire réciproque et partagé, que peut s'accommoder la possibilité du détachement. Il en découle que l'activité graphique pourrait bien permettre à qui s'y livre d'aborder une souffrance centrée sur des deuils ou des séparations sans jamais les représenter explicitement : l'acte du dessin lui-même mobilise les enjeux de la séparation indépendamment de tout contenu. Je dis bien « enjeux de la séparation », et non pas tentative d'accommoder le manque d'un éventuel « objet perdu ». Car toute séparation, contrairement à ce qui est souvent considéré, ne mobilise pas une *seule* mais *deux* séries complémentaires d'émotions et d'associations : l'une centrée sur le vécu passif de la séparation, d'où résulte le sentiment du manque et le désir de le combler ; l'autre centrée sur le désir actif de la séparation à partir duquel s'organise une exubérance créatrice destinée justement à aménager les conditions de celles-ci. La représentation au creux de la trace de la tristesse maternelle de séparation se place résolument de ce côté. Elle ne répond pas à la tentative de constituer un équivalent de l'objet perdu, puisque cette trace ne renvoie pas au manque de l'objet en soi, mais au manque de soi-même pour l'objet. Le trait, pour entrer dans une problématique de deuil, n'en rentre donc pas pour autant dans celle du manque. C'est du côté d'un questionnement jamais clos que se situe sa dynamique et non du côté d'une lacune qui, rappelons-le, marquerait plutôt la représentation maternelle en soi que le sujet lui-même. Le trait correspond à l'effort du sujet pour constituer ce qui lui a originairement manqué dans le moment de la séparation (et non pas manqué après avoir été satisfait) lorsque sa mère, déprimée ou psychiquement éloignée de lui, ne lui a pas permis de constituer la représentation d'une mère séparée de lui et attristée de sa propre séparation. A travers sa pratique, ce sont les absences psychiques de cette mère qui sont questionnées et non ses éventuelles absences physiques : défaillances d'attention perceptibles à travers une rupture d'intonation, un geste, un glissement du regard... Ce qui y est accommodé, ce n'est pas la représentation d'un objet absent, mais la représentation d'une certaine qualité affective dont la mère devrait être porteuse à son égard afin de rendre enfin possible le désir imaginaire actif de séparation : représentation d'une tristesse maternelle de séparation qui le concerne bien lui, et pas, à travers lui, un autre. Autrement dit, le dessin, du fait du moment de son apparition et de sa dynamique propre, présenterait cette place privilégiée de pouvoir tenter la création imaginaire des conditions de la séparation maternelle lorsque la mère n'a justement introduit dans sa relation avec l'enfant ni les conditions favorables à cette éventualité (du fait de ses préoccupations secrètes et le plus souvent de sa dépression), ni la possibilité pour lui de symboliser les raisons de ses distances à elle, de ses éclipses affectives et de ses replis brutaux. Nous voyons en particulier la spécificité de telles préoccupations par rapport aux enjeux de la phase œdipienne. Bien que le déroulement œdipien puisse se réaliser tout de même, la mère a confronté ici l'enfant à des moments d'absence psychique jamais symbolisés par elle-même, et dont la réalité perçue par l'enfant a bien souvent été démentie par le contenu du discours maternel. Cette discordance ne serait-elle pas justement à l'origine de la recherche d'une *congruence* entre texte et image telle qu'elle caractérise la bande dessinée ?

Mais revenons-en à notre point de départ, c'est-à-dire à Hergé. La mise en scène de la tristesse maternelle de séparation et les effets de miroirs de l'environnement (venant prendre en relais le miroir maternel) y sont, nous l'avons vu, un fil conducteur apte à rendre compte des méandres des *Aventures* et de la succession des 22 albums de la série. Et tel est bien également, nous venons de le voir, le ressort de l'activité fantasmatique sous-jacente au geste de dessiner. En d'autres termes, l'organisation fantasmatique mise au jour tout au long des *Aventures* pourrait bien être, tout autant que le témoin des conflits inconscients d'Hergé, la trace que son crayon a recueillie des fantasmes mobilisés par le geste de dessiner lui-même. Alors que ces enjeux sont habituellement masqués par des représentations indépendantes, Hergé aurait-il su utiliser les possibilités narratives offertes par la bande dessinée pour explorer et mettre en scène le sens même du désir de dessiner [13] ?

Avant de nous engager sur cette voie, et peut-être pour répondre à une question venue au lecteur au fil de ces lignes, il nous faut d'abord envisager le sens spécifique pris par d'autres moyens d'expression où intervient également le trait.

ECRIRE, DESSINER, PEINDRE

Le moment du tracé est commun à l'écriture et au dessin. Certaines recherches modernes ont d'ailleurs joué de la qualité picturale de la ligne écrite. Je ne parle pas ici de l'utilisation dans un tableau de caractères imprimés, mais du choc produit par un tracé manuel apparemment soumis à des contraintes d'écriture lorsqu'un examen plus approfondi en révèle la totale gratuité. C'est alors le principe même de l'écriture qui s'en trouve subverti, comme si la ligne était brutalement renvoyée à son caractère esthétique aux dépens de toute signification.

C'est que l'écriture est normalement enfermée dans des contraintes multiples : orientation horizontale et de gauche à droite (du moins dans notre civilisation occidentale) ; respect du principe de transcription phonétique mais aussi des règles de l'orthographe qui le contredisent ; respect de la ponctuation enfin, qui est censée faciliter la compréhension en mimant le rythme du langage.

On voit que l'écriture est le lieu d'une double violence. En elle pèse la force de deux codes : d'une part le code linguistique, avec l'arbitraire des mots et des règles combinatoires grammaticales et syntaxiques qui l'organisent ; d'autre part le code de la représentation graphique des symboles vocaux qui, pour une part, redouble les règles du précédent, et pour une part s'y juxtapose. C'est sans doute pourquoi l'écriture, apprise lorsque le langage parlé se trouve suffisamment maîtrisé, devient souvent le plus sûr garant du caractère social de ce langage. Avec elle le parler se dégage définitivement de ses particularités personnelles, celles qui caractérisent la relation de chaque enfant avec sa mère particulière à travers les spécificités régionales, familiales et personnelles : accent, intonation, prononciation, mots rares ou inusités, formes grammaticales non orthodoxes, etc. En d'autres termes, son apprentissage participe du refoulement de la langue maternelle dans ce qu'elle a de singulier. L'enfant passe à la langue où se trouve privilégié l'aspect de communication sociale élargie (ne faudrait-il pas, pour désigner cette langue imposée par l'apprentissage scolaire, parler de langue « paternelle », et réserver l'expression de langue « maternelle » pour celle des premiers échanges, bien souvent différente ?).

On sait quelle violence est nécessaire pour imposer celle-ci à l'enfant et quelles contraintes les modèles grammaticaux font peser sur nos expressions. Dès que nous voulons écrire ce que nous sentons et non plus les phrases inscrites en nous par cet apprentissage, comme c'est difficile ! Alors, puisque toute écriture, fondamentalement, est violence, comment cette violence ne hanterait-elle pas à son tour l'écriture ?

Dans *La colonie pénitentiaire,* la machine à enseigner et punir imaginée par Kafka grave finalement la peau même de l'instance militaire et paternelle qui l'a mise au point. N'est-ce pas le rêve de tout élève soumis à la tyrannie d'une punition — qui se trouve le plus souvent justifiée par la nécessité « d'apprendre » — que le maître finisse par la retourner contre lui-même ? Et Henri Michaux, qui a tenté de définir et d'explorer la spécificité de chaque moyen de communication, semble faire écho à Kafka en écrivant : « écrire, tuer, écrire » [14].

Quelle liberté au contraire dans le trait ! En lui tout paraît enfin respirer. Qu'il griffe ou qu'il caresse, le trait rentre toujours dans un rapport érotique et ludique avec le papier (peut-être est-ce à cause de cette opposition que les écrits sur les dessins que nous aimons peuvent nous paraître inutiles, voire nuisibles à notre plaisir ?).

⁂

On confond parfois dessin et peinture. Non sans quelques raisons. Une stricte distinction est à vrai dire impossible. Si une aquarelle est bien une peinture, un lavis n'est-il pas un dessin par les matières employées (le papier et l'encre) et une peinture par ses effets ? Il ne viendrait d'ailleurs à l'esprit d'aucun peintre de minimiser l'importance du dessin dans la tradition picturale.

Par contre le trait et la couleur s'opposent comme deux techniques spécifiques auxquelles correspondent des effets propres. « Voir » en graphiste n'est pas la même chose que « voir » en coloriste. Et pour ce qui concerne le spectateur, Baudelaire écrivait justement : « La ligne et la couleur font rêver toutes les deux. Les plaisirs qui en dérivent sont d'une nature différente mais parfaitement égale et absolument indépendante du sujet du tableau [15]. » Deux techniques complémentaires donc. Et s'il n'est pas rare que sur la toile achevée la munificence de l'une fasse oublier le contour de l'autre, nous ne pouvons pour autant sous-estimer qu'une question fondamentale du renouvellement pictural depuis le milieu du XIXe siècle peut se résumer ainsi : des lignes ou de la couleur, par quoi commencer ?

Dans un texte dédié à la peinture et en fait consacré à la couleur, Merleau-Ponty nous dit que chez le peintre « la vision se fait geste [16] ». Comment contester en effet que la vision — et le visible — soient à l'origine même du choix de la couleur ? Alors que dans le dessin le geste du tracé se dérobe à la vision pour atteindre son but, le geste pictural se suspend à cette même vision. C'est sans doute la raison pour laquelle, à l'inverse du dessinateur qui travaille dans l'obscurité, le peintre recherche la lumière : c'est grâce à elle qu'il peut regarder les choses, mais aussi « être regardé par elles ». Car toute activité visuelle mobilise conjointement le regard porté sur le monde et l'implication du corps visible dans ce regard. Ce corps est-il pour autant le même que celui dont nous avons tenté de repérer les vicissitudes à travers le rôle de miroir joué par le papier et l'analogie des premiers traits avec ceux du visage maternel ?

Il est impossible ici de ne pas faire sa part à la « profondeur » du travail pictural. Non pas profondeur de l'illusion picturale (le tableau — au moins classique — donne à déchiffrer une fausse profondeur), mais profondeur de l'engagement corporel que les tableaux de Francis Bacon nous révèlent avec tellement d'intensité. Impossible face à la toile d'oublier que cette profondeur existe bien et qu'elle n'est autre que la profondeur de notre propre corps.

Il y a d'abord la proximité que le traitement des couleurs entretient avec les arts de la table. Baudelaire le premier en a, avec humour, relevé les analogies. Il y a plus profondément la proximité de l'alchimie picturale avec le traitement que notre propre digestion fait subir aux aliments : chauffage, broyage, malaxage, ici des couleurs, là du bol alimentaire. Et il n'est certes pas indifférent que celle-ci ait pour siège les entrailles, cette partie si énigmatique de nous-même dont les anciens pensaient qu'elle était, avant la tête, le siège de l'âme. Mais l'analogie culinaire nous entraîne encore plus loin. Car la bonne cuisine est d'abord dans sa « grande » tradition, une façon de savoir accommoder les dépouilles animales. Les « sauces », les « gelées », les « glacis » supposent le traitement des « sécrétions » du corps, c'est-à-dire de ses secrets, de ses sucs les plus intimes : moelle, graisse, sang, etc. Et de même que c'est dans leurs peaux que sont servies les différentes parties accommodées de l'animal (tête et pieds farcis, terrines dites reconstituées, etc.), c'est sur une toile (une autre peau ?) qu'est finalement donné à consommer le résultat du travail du peintre. Autrement dit, le corps impliqué dans la couleur est toujours un corps vécu à travers les sensations les plus obscures des organes internes (la lumière appelée par le peintre n'est-elle pas d'abord destinée à dissiper cette obscurité ?), sensations musculaires et osseuses, mais surtout viscérales et *circulatoires,* dans leurs relations réciproques tout autant qu'avec la peau qui les enveloppe.

Au contraire si le corps propre est présent dans la bande dessinée (comme le montre l'œuvre d'Hergé), c'est inclus dans l'approche symbolique de la relation de l'image de soi au miroir et au regard maternel. Cette différence, j'espère l'avoir montré, n'est pas due seulement aux possibilités narratives offertes par la bande dessinée. Mais au fait que le dessin qui est à son origine *naisse du mouvement* avant d'être subordonné à la vision, comme c'est au contraire le cas pour la couleur. Car celle ci est d'abord subordonnée à un regard, puis à un geste qui tente de le refléter, alors que le dessin est d'abord un geste dont le résultat, le trait, est seulement ensuite soumis à la vue.

Quant à l'activité picturale qui combine le trait et la couleur, elle pourrait bien tirer sa force de confronter simultanément le peintre, et le spectateur, aux problématiques spécifiques de ces deux activités : par la couleur, la « fission de l'être » comme l'écrit Merleau-Ponty, c'est-à-dire l'évanouissement de toute limite avec monde ; par le trait, l'approche des conditions de la séparation.

Mais revenons-en à Hergé, au dessin et à la bande dessinée.

La construction privilégiée dont nous avons suivi l'évolution tout au long de l'œuvre hergéienne pourrait donc bien être liée aux enjeux mêmes du geste de dessiner.

Et au-delà d'une méditation sur le rôle des médias telle que l'a articulée Michel Serres, *Les bijoux* pourraient bien représenter la tentative la plus élaborée du trait pour réfléchir sur son propre effet de miroir. C'est à la Castafiore qu'appartiendrait décidément le mot de la fin. En sollicitant chaque jour son miroir à la rassurer sur sa propre identité, ne reproduit-elle pas la démarche même du dessinateur face à son papier ? Voilà qui pourrait en tout cas éclairer la singulière réflexion de Haddock. L'air de Gounod et « Ciel mes Bijoux » n'y sont que deux variantes d'un même air unique, nous dit-il en substance. Nos propres réflexions sur les enjeux du trait nous permettent de donner à ce rapprochement son chaînon manquant : la séparation d'avec son « cher bijou » confronte effectivement la mère à sa propre identité. Et c'est tout naturellement que l'émeraude s'envole de son écrin sur la coiffeuse de la diva, face à son miroir, c'est-à-dire face au reflet d'elle-même qu'elle questionne chaque jour.

Mais puisque le trait tire sa particularité de la place qu'il prend dans les enjeux de la première séparation antérieurs à l'apparition du langage, il nous faut maintenant en examiner la conséquence : qu'il soit le moyen privilégié d'objectivation des contenus psychiques propres à ce moment. Alors que l'écriture, née sous l'égide de l'accomplissement œdipien, se fait naturellement porteuse des enjeux liés à celui-ci, le geste de dessiner, apparu dans le moment d'individuation du psychisme de l'enfant à partir du psychisme maternel (et peut-être le désir général de donner consistance à des images dont il est la première expression), pourrait bien supporter de façon privilégiée la tentative de se libérer de représentations obsédantes initialement liées à l'inconscient parental.

ROMANS ET FANTASMES FAMILIAUX

La reconstruction généalogique opérée par Hergé serait-elle de l'ordre de ce que l'on appelle couramment, depuis Freud, « roman familial » ? Pour le fondateur de la psychanalyse, ce terme venait désigner, rappelons-le, les désirs de l'enfant nés de sa difficulté à accepter la situation œdipienne, c'est-à-dire la possession de la mère par le père et la supériorité de celui-ci. Si la bâtardise du chevalier et le mystère de son origine prestigieuse peuvent effectivement relever d'un tel vœu, on voit mal à l'inverse de quelle façon ils pourraient rendre compte des autres aspects de la mise en scène : report de la filiation royale dans une génération grand-paternelle [17] ; multiplication des allusions à son dénouement dans la mise en scène de la tristesse maternelle ; coïncidence de celle-ci avec la diminution de la production graphique d'Hergé enfin.

Le fait que la reconstruction généalogique précède ici l'approche de la tristesse maternelle et lui soit fortement liée pose au contraire une dernière question.

Le dessin, nous l'avons dit, représente une approche privilégiée des conditions psychiques de la séparation telles en particulier que l'enfant se plaît à les supposer présentes chez ses parents pour rendre sa propre séparation possible. Mais dans cette proximité qu'il entretient avec la représentation que l'enfant se fait de sa place pour ses parents, quelle relation privilégiée entretient-il avec les obstacles justement présents chez eux dans la voie d'une telle élaboration ? S'il ne témoigne pas d'une histoire personnelle, ne témoignerait-il pas d'une « préhistoire », c'est-à-dire finalement de l'empreinte laissée par l'histoire parentale — et familiale — non élaborée dans le psychisme de l'enfant ?

Revenons-en au rôle du dessin dans le travail de séparation qui détache le psychisme de l'enfant de celui des parents. Le deuil que l'enfant doit faire d'eux, nous l'avons dit, passe par le deuil qu'il doit faire de l'enfant idéal auquel il a tenté, inévitablement, de correspondre, au moment de son évolution où son identité était totalement dépendante des nécessités narcissiques de ses parents. Or cet enfant idéal est inévitablement porteur des fantasmes parentaux refoulés ou tus sur leur propre généalogie. Le dessin, qui à la différence du langage n'est pas infiltré par les règles des processus secondaires, est beaucoup plus propre que lui à refléter les constructions psychiques antérieures à son apparition. Or c'est justement le propre des projections parentales de n'avoir fait l'objet d'aucune élaboration symbolique. C'est dans les hésitations, les silences, les intonations, les mimiques et les gestes soulignant tel ou tel mot d'apparence anodine que se fixent pour le jeune enfant les sonorités qui donnent accès à cet impensé parental. Et le langage lui-même, quand il véhicule de tels secrets, en est porteur dans ses manques et sa phonétique plutôt que dans ses effets explicites de signification. C'est alors dans les mots évités ou au contraire les persévérations, les lapsus et les coq-à-l'âne qu'ils sont communiqués, bien plutôt que dans les « légendes familiales » qui, lorsqu'elles existent, sont le plus souvent destinées à occulter quelque honte.

Le graphisme ajoute enfin à cette liberté vis-à-vis du langage (condition à l'expression des images psychiques antérieures ou indépendantes de lui) deux possibilités majeures. Tout d'abord le papier constitue au même titre que le psychisme du nouveau-né une surface de projection libre de toute impression antérieure (tout au moins relativement aux stimulations de la vie sociale). C'est-à-dire qu'il pourrait bien constituer pour le dessinateur l'analogie de son propre appareil psychique infantile. La situation où le dessinateur se trouve de porter son empreinte sur la surface vierge du papier pourrait bien alors reproduire l'impression faite sur son propre psychisme par les désirs inconscients parentaux. La reproduction, comme c'est souvent le cas, s'y double d'une inversion des rôles [18] : c'est la feuille maintenant qui est chargée de supporter « l'être enfant » du dessinateur, tandis que lui-même prend, par l'artifice de son jeu, une position active et non plus passive (de même par exemple l'enfant qui a souffert de soins médicaux cherche-t-il à jouer cette situation en y prenant le rôle du docteur). La violence imposée parfois au papier par l'enfant pourrait bien être à l'image de la violence préalablement subie par lui, en particulier avant l'apparition du langage, c'est-à-dire imposée à ses membranes perceptives, peau, tympans, rétine...

Ce qui nous amène à la seconde caractéristique du papier propre à lui permettre de jouer un rôle de premier plan dans cette entreprise de libération des fantasmes parentaux. Le papier constitue mieux que toute autre matière l'équivalent des surfaces réceptrices du corps. Comme elles et à la différence du système psychique perceptif décrit par Freud (qui enregistre les stimulations sans en garder la trace), les tissus spécialisés dans la réception gardent l'empreinte des stimulations qui les ont atteintes : le tympan se déforme, la convexité de l'œil varie, les mains, la peau deviennent rugueuses ou marquées de cicatrices, etc. Or le dessin lui non plus ne peut jamais être totalement effacé. (La toile peut être grattée et réutilisée. Le papier jamais.)

Mais par quel mécanisme l'enfant fait-il siens les projections et les non-dits parentaux dont l'empreinte sur le psychisme se marque encore bien après la période des premières interactions précoces ?

Les études magistrales de Mélanie Klein sur le rôle de l'agressivité dans la phase dépressive précoce du bébé ont malheureusement eu parfois pour conséquence de faire envisager comme exclusif le rôle joué par la haine refoulée ou clivée dans l'impossibilité d'élaborer une séparation ou un deuil. Dans une telle optique, ce serait alors la haine de l'un ou l'autre des parents vis-à-vis d'un objet inconnu de l'enfant qui serait reportée sur lui. Et de même, c'est à partir de l'agressivité inconsciente de l'enfant contre les manquements symboliques familiaux qu'il construirait sa propre fiction. Au contraire, la clinique nous apprend que l'enfant perçoit d'abord ces manquements comme autant d'écueils rencontrés par le parent dans la communication avec l'enfant. Car un psychisme habité par un étranger ou par une douleur indicible est d'abord un psychisme en souffrance. Et l'enfant va d'abord se fixer pour but de le libérer afin de le rendre à la liberté des échanges communicatifs avec les autres. Un tel projet concilie parfaitement, on le voit, le désir altruiste de soulager un parent et le désir égoïste de pouvoir enfin baser un échange avec lui sur les couches profondes de la personnalité. Ce pourrait bien être cette convergence de deux désirs complémentaires — narcissique et objectal — qui lui donne sa force. De nombreuses fictions produites tant par des enfants que par des adultes — artistes ou non — mériteraient à mon avis d'être repensées sur cette base [19].

Enfin le créateur en menant son élaboration psychique dans le cadre d'une œuvre au statut de fiction parvient à respecter la contrainte qui existe toujours dans de tels cas : ne pas prendre les indices qu'il perçoit dans le regard ou le discours des parents pour signes d'une vérité scellée, mais croire (ou feindre de croire ?) qu'il s'agisse « d'illusions » personnelles, des fruits brillants mais irréels de sa propre imagination.

Nous voyons donc que si la reconstruction graphique d'Hergé a toutes les chances d'être mythique, on ne peut pourtant pas éluder totalement la question de savoir dans quelle mesure la fiction qu'elle objective correspond réellement à une réalité psychique maternelle inconsciente. Finalement le terme de « fantasmes familiaux » est peut-être celui qui convient le mieux à désigner cette réalité psychique partagée et pourtant flottante que le trait aurait la possibilité privilégiée de venir explorer. A condition toutefois de ne pas se méprendre sur ce mot éminemment ambigu. Malgré la fortune malheureuse avec laquelle le « fantasme » a été opposé à la « réalité », je préfère quant à moi y voir plutôt le *témoin psychique* d'un événement, constitué pour partie du souvenir inconscient de cet événement, pour partie de la reviviscence de la réaction affective qui l'avait accompagné, et pour partie des associations qu'il a mobilisées et mobilise encore. Nicolas Abraham envisage que l'enfant puisse « hériter » de ses parents — c'est-à-dire plus précisément de ceux qui ont constitué pour lui son premier environnement — certains contenus psychiques non symbolisés ou clivés par eux selon le modèle de la « topique à inclusion [20] ». Ne dit-on pas, pour dissuader un enfant des questions embarrassantes qu'il pose : « Tu ne veux pas qu'on te fasse un dessin ? » Comme si le dessin pouvait révéler ce que la parole ne peut dire, et peut-être ce qui est à ses propres yeux caché ?

Et le mot « illustration », avant de désigner à partir de la Renaissance une représentation effectuée de main humaine, ne venait-il pas signifier une... *apparition,* autrement dit un « fantôme » ?

« FANTASME » D'AUTEUR ET « FANTASME » DE GENRE

Les *Aventures* admettent donc deux lectures distinctes de l'inconscient qui s'y trouve mis en scène : une lecture personnelle, c'est-à-dire liée à la personnalité d'Hergé ; et une lecture impersonnelle, liée aux fantasmes privilégiés mobilisés par le geste de dessiner. Essayons alors de donner une forme générale à cette question que nous ne pouvons, pour l'instant, qu'approcher à travers deux formulations complémentaires : jusqu'où l'inconscient découvert dans l'œuvre peut-il être confondu avec l'inconscient de l'auteur ? Comment l'inconscient de l'œuvre pourrait-il ne pas être partie prenante de celui de l'auteur ?

Il est assez communément admis depuis le début du siècle que le travail créateur ne donne pas forme à une idée préconçue, « rêve » ou « fantasme » qu'il « incarnerait » dans une matière privilégiée. Mais les conséquences de cette idée me paraissent avoir été trop peu interrogées. Si le processus créateur ne se laisse pas comparer à sa motivation initiale, ce n'est pas du fait de quelque « insuffisance » fondamentale de sa pratique sur son aspiration (la nécessité créatrice relevant d'un désir d'absolu qu'aucune œuvre finie ne pourrait satisfaire). C'est que sa logique interne, elle-même organisée par sa technique spécifique, impose une articulation à sa durée et à son espace propres, hétérogène à la durée et à l'espace psychiques. Sans cette hétérogénéité (et la perméabilité qu'elle permet) la nécessité créatrice n'existerait même pas. C'est elle qui organise le désir de la création, le psychisme ne pouvant justement trouver en lui-même ce à quoi l'œuvre donne corps. C'est pourquoi le travail créateur est d'abord un travail sur la forme : recherche des rapports, des combinaisons, des contrastes propres à chaque moyen d'expression. Et c'est pourquoi également l'œuvre porte en elle la trace des fantasmes attachés à la matière même de cette forme. Si l'inconscient de l'artiste ne peut être réduit aux dimensions des scénarios imaginaires présents dans une œuvre, l'inconscient de celle-ci nous révèle à son tour une dynamique spécifique au moyen d'expression qui s'y trouve, comme on dit justement, « mis en œuvre ». Choisir l'écriture, le graphisme, la peinture ou la photographie, n'est-ce pas, avant même toute organisation de la matière d'une création, faire le choix de privilégier les fantasmes attachés aux gestes scriptural, graphique, pictural ou photographique ?

Il s'agit donc de partir de la rencontre privilégiée d'un homme et d'un moyen d'expression. C'est d'elle que résulte l'œuvre, terme ultime d'une équation qui en comporte trois. Car la démarche de création ne révèle pas d'une catharsis, mais d'une recherche. Elle n'est pas inspirée par le poids d'émotions dont le créateur chercherait à se « libérer », mais par la tentative de fonder une émotion et une représentation à travers la création d'une forme qui les supporte [21]. Création, effectivement, puisque l'objet créé, ici, ne vient prendre aucune place laissée vacante par un précédent, mais assurer les conditions d'un fonctionnement psychique radicalement nouveau. Nous avons vu, dans le cas du dessin, qu'il pourrait bien s'agir, au-delà des enjeux généraux de la séparation tels qu'ils sont mobilisés également dans d'autres activités créatrices, de la possibilité de fonder un désir imaginaire actif de séparation par la représentation de la douleur maternelle de séparation. Tentative toujours ratée par le trait seul, du fait de sa possibilité de pouvoir signifier dans le même moment l'inverse, c'est-à-dire que l'unité duelle n'ait pas pris fin.

Nous avons vu également que le souci de la représentation figurative vient, dès la troisième année de la vie, masquer ces enjeux. Disparaissent-ils pour autant de la scène psychique ? On peut en douter, et le fait qu'ils restent inconscients ne doit pas tromper sur le puissant levier qu'ils représentent dans le choix de l'activité graphique sur d'autres modes de représentation.

Hergé a déclaré qu'il aurait parfois aimé être peintre. Mais n'est-ce pas confondre l'effet et la cause que de rapporter le choix du dessin à un échec pictural [22] ? Léonard de Vinci, reconnu de son vivant comme un peintre exceptionnel, consacra pourtant la plus grande partie de son temps à des préoccupations graphiques. Quant à Van Gogh, son échec total comme peintre n'eut jamais pour conséquence de le détourner de la peinture au profit du dessin, alors même que quelques-uns de ses croquis avaient trouvé acheteurs.

Ainsi le choix privilégié d'un mode de symbolisation doit-il être considéré en relation avec la particularité du matériel psychique auquel l'auteur cherche à donner forme. Mais inversement, nous devons en retour prendre en considération les qualités propres de ce médium dans l'expression privilégiée de telle ou telle constellation fantasmatique.

Pour ces deux raisons, l'une concernant le choix « a priori » du moyen d'expression, et l'autre les effets de ce choix sur le matériel psychique privilégié dans la création, la distinction entre les fantasmes qui fournissent le thème de l'œuvre et ceux qui organisent le choix du moyen d'expression est très partielle. Elle ne doit pas faire oublier que de nombreuses œuvres (en particulier celles qui correspondent aux périodes de maturité) représentent un effort de compréhension allégorique du processus même de la création, ou plutôt de ce processus tel que l'auteur l'a engagé à l'aide de son moyen privilégié d'expression. Et d'autant plus si cet auteur s'est choisi, comme c'est le cas pour Hergé et selon ses propres termes, « un seul et unique moyen d'expression ». Alors l'œuvre produite devient, tout autant qu'un compromis entre les diverses tensions propres à l'auteur, le résultat d'une interraction entre son mouvement créateur et le matériel privilégié de sa création.

C'est cette intrication, et non quelque choix a priori, qui justifie à mon sens que nous puissions parler d'une œuvre comme d'une entité autonome. Elle est effectivement le résultat de la rencontre d'un auteur avec un moyen d'expression dont les fantasmes privilégiés ont été en quelque sorte captés par lui. Certes nous avons dû en chemin, parce que nous avions décidé de suivre Hergé pas à pas, nous intéresser aux obstacles successifs rencontrés par lui dans cette élaboration. D'autant plus que la chronologie de ses albums en témoigne. Mais il n'est peut-être pas inutile d'insister encore sur le caractère *indissociable,* dans l'œuvre achevée, des fantasmes propres à l'auteur et des fantasmes propres au genre, un peu comme en chimie l'action de deux substances se renforce mutuellement. Ne serait-ce pas d'ailleurs cette rencontre qui fait la force de toute création authentique par rapport aux multiples manifestations de ce qu'il est convenu d'appeler talent ou créativité ?

Enfin cette coïncidence, dans le cas d'Hergé, est rendue plus probable encore pour quatre raisons. J'ai déjà mentionné cette particularité qui le fait s'éloigner de son moyen d'expression privilégié — pour « découvrir les plaisirs de la vie » — au moment où il paraît justement au sommet de son art [23]. J'en vois au moins trois autres.

Tout d'abord Hergé fait le choix de la bande dessinée à un moment où le genre était loin d'être le phénomène de mode qu'il est devenu depuis, en partie grâce à cet auteur d'ailleurs. Dans les années 1930 marquées par les recherches abstraites, la préférence pour un type d'expression aussi syncrétique et figuratif que la bande dessinée relevait bien d'une « vocation ». C'est-à-dire que ce choix finalement imposé par Hergé devait bien correspondre pour lui au moyen d'expression privilégié du contenu fantasmatique qu'il visait à communiquer.

Ensuite Hergé crée une suite homogène mettant en scène

les mêmes personnages sur près de quarante ans. Les contraintes d'une telle réalisation qui confrontent l'auteur à la logique propre de ses créatures risquent, plus sûrement qu'une production fragmentaire ou hétérogène, de le confronter également aux raisons profondes du choix de son moyen d'expression.

Enfin Numa Sadoul écrit avec justesse : « C'est avec Hergé que la bande dessinée d'expression française devient un genre universel, moyen terme original et autonome entre le dessin et l'écriture [24]. »

L'auteur qui a su imaginer un genre nouveau n'est-il pas aussi celui qui est le plus à même d'avoir su en capter la spécificité ? N'a-t-il pas dû approcher pour cela au plus près du point de résonance où ses propres fantasmes ont rencontré dans une vibration commune ceux du moyen d'expression qu'il était en train de créer ?

Pour toutes ces raisons l'œuvre hergéienne pourrait bien poser la question d'une adéquation exceptionnelle entre le moyen d'expression utilisé — la bande dessinée comme aboutissement narratif du dessin — et le thème abordé — la séparation et ses enjeux.

Le cadre dont chaque vignette est limitée n'évoque-t-il pas lui-même, au-delà de la question des limites, celle de la séparation ? Dans le cas d'Hergé, l'encadrement habituel au genre s'y trouve d'ailleurs redoublé par un contour appuyé de chaque personnage selon un procédé que Michel Serres a qualifié de « vitrail sur papier ». Problème de « limites » : crainte de perdre ses propres limites, en particulier, celles entre le monde extérieur et le monde intérieur, par où peut justement commencer à se constituer l'image de soi dans le miroir ; mais aussi crainte de la séparation d'avec la mère pour autant que c'est d'abord elle qui assure une fonction de contenant pour le tout petit enfant.

La complémentarité de l'image et du texte est l'autre

caractéristique de la bande dessinée. On pourrait alors se demander la place de ce moyen d'expression — pour l'auteur et pour le lecteur — comme tentative d'organiser un monde où message verbal et message mimogestuel ne se contredisent pas ; et le rôle de cette tentative comme moyen de réassurance à la suite de communications contradictoires ayant marqué la petite enfance du sujet, communications alors perçues par lui comme dénuées de tout sens, à l'image des non-sens de la Castafiore !

Il est en tout cas remarquable que l'album de la mise en scène explicite de ce brouillage (*Les bijoux*) concerne une parodie de la relation maternelle ; et plus encore que cet album ait marqué pour Hergé un tournant important sur la voie d'une accession à des moments de flottement intérieur dénués d'angoisse. La transformation dont il nous fait part après cet album n'est pas sans évoquer la capacité à constituer une représentation maternelle à la fois détachée de soi et rassurante [25]. Hergé aurait-il alors échappé à la nécessité de « cadrer » ces moments par de petites cases ?

Il n'est pas possible pourtant de conclure d'une telle rencontre qu'elle soit l'une des causes — même secondaire — du succès hergéien. Car indépendamment des raisons multiples qui font des *Aventures de Tintin* un divertissement adapté aux différents âges de la vie, ce problème du plaisir de la lecture ne saurait être envisagé sans faire intervenir les particularités du *déchiffrage* d'une bande dessinée, qui ne sont pas forcément ceux de sa création [26]. Il n'en reste pas moins qu'Hergé, en nous conviant à la recherche des conditions nécessaires à une séparation maternelle réussie et à une réconciliation avec les différentes parties de soi-même, pourrait bien nous rendre claire la place de l'activité graphique dans cette quête, en même temps que l'impossibilité du dessinateur à y parvenir. Car, nous l'avons dit, ces enjeux inconscients sont dans le dessin constamment obscurcis par le projet conscient de la représentation figurative. Il a appartenu à Hergé de savoir introduire les artifices de la mise en scène ; puis, en faisant porter complémentairement son effort sur la clarté figurative et sur l'élaboration des récits, d'être parvenu à la représentation explicite de sa propre motivation graphique, et, peut-être, à l'intelligence du geste de dessiner. Car qu'est-ce qu'une bande dessinée sinon une succession de petites cases ? Le cadre, en séparant chaque vignette de la précédente et de la suivante, permet le découpage narratif ; et le scénario, en organisant cette juxtaposition en succession, transforme le quadrillage en aventure. La bande dessinée permet alors de dépasser l'insuffisance de la représentation isolée et de retourner en quelque sorte la figuration sur elle-même en jouant des possibilités du scénario. Avec la bande dessinée le dessin acquerrait ainsi la possibilité d'une réflexion sur lui-même. Et ce serait la dernière — et non la moindre — des significations des miroirs dans *Les bijoux*, que de nous souligner combien cet album renvoit à la B.D. l'image de ses enjeux !

Au fil des aventures d'un héros qui lui ressemble, découvreur de civilisations oubliées et de trésors cachés, Hergé pourrait bien être alors l'explorateur infatigable du secret du trait ; secret perdu dans le refoulement d'un âge psychique placé sous la domination d'instances tutelaires, divinités solaire et lunaire encore identifiées avec des instances paternelles et maternelles ; secret enfoui dans l'oubli des premiers gribouillis et parfois entrevu dans le geste de noircir la marge d'un cahier ou d'un journal, dans le mouvement imprévisible d'où jaillit une forme miraculeusement échappée aux contraintes figuratives et nominatives ; une forme où brille dans sa pureté la question toujours ouverte du sens du jet graphique.

NOTES

Préface

1. Hergé et le Fantôme du chevalier, in *Confrontation* n° 8, automne 1982, Aubier, Paris.

Introduction

1. *Le crabe aux pinces d'or,* p. 25 et 30.
2. *Ibid.,* p. 16.
3. Numa Sadoul, *Entretiens avec Hergé,* op. cit.
4. Numa Sadoul, *op. cit.*
5. Benoit Peeters, *Le monde d'Hergé,* Casterman, Bruxelles, 1983, p. 27..
6. Véritable nom d'Hergé.
7. Les Bijoux distraits ou la Cantatrice sauve, in *Hermès II, l'Interférence,* Ed. Minuit, Paris 1972, pages 223-236.
8. Une récente exposition consacrée aux dessins faits par des enfants de classe de 6e sur le thème des personnages d'Hergé montre qu'aucun n'a choisi de reproduire une vignette tirée de cet album. Les reproductions tirées du *Secret de la Licorne* et du *Trésor de Rackham le Rouge* représentent au contraire près de la moitié de l'ensemble, les cinq sixièmes étant tirées de ce second album (voir infra « Le fantôme du chevalier »). Quant à la préférence des jeunes lecteurs pour le capitaine, elle est clairement indiquée par le fait que près de la moitié choisissent de reproduire une vignette l'incluant, autant de fois que Tournesol et les Dupondt réunis, et plus souvent que Tintin lui-même. Le personnage dans lequel Hergé a le plus mis de lui-même serait-il celui dans lesquel les enfants actuels se reconnaissent le mieux ? (Exposition organisée par le Lycée Carnot, 145, bd Malesherbes, Paris, Juin 1984).

PREMIERE PARTIE
1930-1940. Tintin et Milou

1. Il s'agit de ses dessins isolés (couvertures du *Petit Vingtième* et du Journal de *Tintin*) ; de ses contributions à des campagnes publicitaires ; des aventures de *Totor C.P. des Hannetons* ; et enfin des deux autres séries réalisées par lui, *Jo Zette et Jocko* et *Quick et Flupke,* limitées à cinq albums chacune et finalement abandonnées.
2. « On s'est séparés, on s'est retrouvés, etc. »
3. Successivement : il reçoit une bouée sur la tête, il est mordu à la queue par un perroquet, affolé par un menuisier qu'il prend pour le chirurgien qui doit l'opérer, blessé par une porte au moment où il se croyait tiré d'affaire, victime d'une chute dans une bouche d'aération ; puis menacé de mort par un passager clandestin, jeté à l'eau, enfin électrocuté par la morsure d'un poisson torpille et assommé à nouveau par une bouée lancée à son secours (*Tintin au Congo,* p. 2 à 8).
4. Page 22.
5. Page 8. Cette situation recevra dans l'album de nombreuses autres illustrations : p. 10, 12, 13, 17, 23, 32, 34.
6. Pages 33 et 44.
7. C'est pourtant ce que fait J.-M. Apostolidès, in *Les métamorphoses de Tintin,* Seghers, Paris, 1984.
8. Page 48.
9. La scène mérite d'être rapprochée de celle de la page finale du *Congo* où un chien en pleurs à la suite de la disparition de Milou ne peut imaginer de lui qu'un visage joyeux. De même, face à son maître qui va être jeté dans le lac Michigan les pieds lestés de fonte, Milou déclare : « Je ne t'abandonnerai pas, Tintin. » Formule plus convaincante que celle par laquelle Milou avait préludé à son intervention contre le lion qui emportait son maître dans le *Congo* : « Il ne sera pas dit que je n'aurai rien tenté pour le sauver » (p. 22 de cet album).
10. Ici c'est un sculpteur qui le découvre sans le savoir en fouillant dans ce qu'il appelle « les vieilleries » de son frère mort (p. 58).
11. *L'île noire,* p. 61.
12. Hergé en dit lui-même : « Le sceptre d'Ottokar n'est autre que le récit d'un Anschluss raté », Numa Sadoul, *op. cit.,* p. 71.
13. Hergé, en 1947, a montré l'importance qu'il accordait à

ces explications en leur ajoutant une page à l'occasion de la réduction de son album de 105 à 62 pages !

14. Page 34.

1940-1948. Haddock et le fantôme du Chevalier

1. Numa Sadoul, *op. cit.*
2. Ce n'est pas le moindre intérêt de Tintin que d'être un sémiologue ! Il est en effet ce personnage de bandes dessinées qui ne se laisse jamais prendre aux illusions du langage, et fait souvent rebondir l'histoire en rappelant ses limites et ses pièges.
3. N. Abraham et M. Torok : « Le travail du fantôme dans l'inconscient et la loi de la nescience », in *L'écorce et le noyau,* Paris, Aubier-Flammarion, 1978.
4. En ne retenant que ceux qui sont reproduits sur la page 4 de couverture des albums, c'est-à-dire en omettant *Tintin au pays des Soviets.*
5. La seule répétition d'une telle attitude se trouve dans *On a marché sur la lune* : une seule fois en onze albums ! Nous sommes loin de la suite de catastrophes du *Crabe aux pinces d'or.*
6. Numa Sadoul, *op. cit.*.
7. Plus tard, c'est dans les caisses où Haddock a caché son whisky (par la vertu duquel il retrouve en quelque sorte la présence vivante de son ancêtre) que Tournesol rangera son sous-marin « en pièces détachées » (un peu à la façon des souvenirs donc). Son invention, elle aussi, s'avérera être un appui sûr dans l'exhumation du passé.
8. Voir à ce propos : Benoît Peeters, *Hergé,* Editions Décembre, Paris, 1981.
9. Page 56 du *Trésor.*
10. En flamand, aigle se dit « arend » et se prononce « àreunt », où nous retrouvons les sonorités du mot français « aïeul ». Ce dernier se trouve d'ailleurs dans le dictionnaire *Petit Robert,* entre « aigle » et... « aïe » ! Autant dire entre la représentation chargée de signifier l'ancêtre et la douleur qui accompagne son évocation...
11. Nicolas Abraham, *op. cit.*
12. Le Grand, au fait, n'était-ce pas le nom du propriétaire du portefeuille oubliée sur la table de Filoselle ? Et le nom de ce dernier n'est-il pas un anagramme des deux mots « fils » et « soleil » ?
13. N. Abraham et M. Torok, *op. cit.*
14. *Le temple du soleil,* p. 61.

15. Imre Hermann, *L'instinct filial*, Paris, Denoël, 1973.
16. Une comptine enfantine ne dit-elle pas : « Je te tiens par la barbichette... »
17. Benoît Peeters, *op. cit.*
18. Numa Sadoul, *op. cit.*, p. 129.
19. *Ibid.*, p. 102.
20. Nous envisagerons dans la dernière partie la place à faire à cette interprétation.
21. Numa Sadoul, *op. cit.*, p. 111.
22. *Ibid.*, p. 37.
23. *Ibid.*, p. 43.
24. Dans *Objectif lune*, voir *infra.*
25. Rappelons que le petit chien s'était lancé à la recherche d'une araignée dans une malle familiale. Tintin et Haddock, dans les recherches qui les mèneront (à la poursuite de l'ancêtre) de la malle du grenier de Haddock (dans *Le trésor*) à la malle des soupentes de Moulinsart (dans *Les bijoux*) ne rencontreront pas moins d'obstacles. Dans le *Congo,* Tintin laisse une chaussure dans la gueule du requin : Ce qu'on ne peut atteindre en marchant, dit l'Evangile, on peut l'atteindre en boitant...
26. Le sous-marin construit par Tournesol pour découvrir les secrets de l'ancêtre est d'ailleurs construit à l'image de l'animal, rappelant ainsi le principe de la pharmacopée gallénique où le remède emprunte sa forme à ce qu'il doit combattre.
27. Repérer le retour de certaines sonorités est une chose, identifier leur cause en est une autre. Cette entreprise ne pourrait relever que d'un travail personnel de cet auteur sur lui-même, radicalement distincte de toutes les élaborations que nous faisons ici.
28. *Le crabe aux pinces d'or*, p. 62.
29. *Les sept boules de cristal*, p. 28. Voir *infra.*

1948-1952. Tournesol « décolle » ou la question de l'attachement maternel.

1. D'ailleurs, à regarder attentivement les dessins qui jalonnent la rencontre de Haddock et de Tournesol, les allusions aux deux pôles du couple parental n'en étaient pas absentes : invité par le professeur à visiter son atelier, le capitaine est d'abord happé par un appareil qui lui ôte la moitié de ses vêtements avant de se voir proposer son lit par Tournesol ! Et ce lit est à deux places, comme nous le démontrent immédiatement les Dupondt en s'y installant côte à côte. Enfin, Tournesol lui-même, quelques cases plus loin, quand son sous-marin se brise devant Haddock et Tintin,

croit entendre que celui-ci lui demande d'en faire un « à deux places » !

2. *Objectif lune,* p. 51.
3. *On a marché sur la lune,* p. 61.
4. Voir *infra,* « La cantatrice déformante ».
5. Page 51.

1963. Bianca Catasfiore ou la femme et son bijou.

1. J.M. Apostolidès, *op. cit.*, et Benoît Peeters, *Les bijoux ravis,* Ed. Magic Strip, Bruxelles, 1984.
2. Ce dernier fait a été remarqué dès la parution de l'album mais sans toutefois, à ma connaissance, être jamais mis en relation avec le précédent.
3. Page 48 des *Bijoux.*
4. Page 59 du *Tibet.*
5. Les autres objets qui y sont découverts sembleraient confirmer ce rapprochement en fonctionnant comme autant de rappels des aventures où se sont trouvées posées les questions de la filiation. Le monocle de Haddock est en effet le témoignage le plus explicite de son changement consécutif au dénouement de sa généalogie ; et les morceaux de verre ne sont pas sans rappeler *L'affaire Tournesol,* aboutissement tardif du « cycle lunaire ».
6. Freud S., *Essais de psychanalyse,* BPB, Paris, 1977. Ce jeu est en fait la version personnelle du petit Ernst (et la première description clinique) d'un type de jeu très fréquent aux alentours de la seconde année. Au-delà du déroulement de différentes phases de ces jeux, il s'agit toujours pour l'enfant de recréer les différents aspects de sa relation et de ses échanges avec un adulte dont il dépend quand cette personne se trouve être absente ou peu disponible. Le résultat en est pour lui de mieux accepter la réalité de la séparation en lui permettant de vivre et d'exprimer ses sentiments selon les différents points de vue (en particulier ses sentiments agressifs), à la fois de façon active et non menaçante.
7. Sami Ali, *L'espace imaginaire,* Dunod, Paris, 1980.
8. « Je dessine pour l'enfant que j'ai été et que je suis encore », *Entretiens avec Hergé, op. cit.*, p. 85. Et encore « quand je dessine, je pense à l'enfant qui est en moi. Je ne pense à personne et à rien d'autre » (p. 129).
9. Où nous retrouvons le nom d'un autre grand rapace diurne, le « milan » (autre variété d' « aigle ») chargé de signifier dans les dessins d'un autre dessinateur célèbre sont attachement à sa

mère (K.R. Eissler, *Léonard de Vinci, étude psychanalytique,* PUF, Paris, 1980).

10. Page 57.

La cantatrice déformante ou l'identité à l'épreuve des miroirs.

1. Dans *Vol 714 pour Sydney,* le capitaine passera à la contre-attaque en fermant avec du sparadra la bouche des bavards...
2. D.W. Winnicott, « Rôle de miroir de la mère et de la famille dans le développement de l'enfant », in *Jeu et réalité,* Gallimard, Paris, 1971, p. 153-163.
3. Sami Ali : « L'expérience de reconnaissance de soi dans le miroir marque l'aboutissement des identifications précoces de l'enfant à la figure maternelle », in *Corps réel, corps imaginaire,* Dunod, Paris, 1977.
4. Page 55.
5. Page 4.
6. Voir *infra,* « Les miroirs avant *Les bijoux* ». Ce rapprochement est d'autant plus justifié qu'il s'agit des deux seules aventures où les héros sont opposés à Sponsz.
7. Page 15.
8. *Tintin au Congo,* p. 1.
9. Voir *supra,* première partie.
10. Page 54.
11. Dans *Tintin en Amérique,* le héros contemple ses nouveaux vêtements de cow-boy en se regardant dans une glace (p. 16). Dans *Le lotus bleu* il noue sa cravate devant la glace de sa salle de bains (p. 6). Même chose dans *L'oreille cassée,* où un miroir de café nous restitue l'image du dos d'un malfaiteur (p. 6 également). Plus loin, c'est son complice qui noue sa cravate devant un miroir de cabine de bateau (p. 14). Page 35, un représentant des compagnies pétrolières, la mine déconfite, utilise un minuscule face à main pour tenter d'effacer de son visage l'encre que le général Alcazar y a projetée. Page 39 de ce même album enfin, un rétroviseur renvoie à Tintin l'image de la voiture qui le poursuit. Puis, dans *L'île noire,* le seul miroir à apparaître est celui d'un compartiment de chemin de fer (p. 4). Et dans *Le sceptre d'Ottokar,* celui qui orne la salle à manger d'un restaurant syldave (p. 6 encore).
12. Page 10 de cet album.
13. C'est-à-dire *L'or noir* (que nous plaçons ici pour les raisons évoquées plus haut), *Le crabe aux pinces d'or, L'étoile mystérieuse* et *Le secret de la Licorne.*

14. Page 27.
15. *Le trésor de Rackham le Rouge,* p. 9-10.
16. C'est à cette séquence que nous faisions plus haut allusion, au sujet de *Tintin et les Picaros* (cf. *supra,* « Les miroirs après *Les bijoux* »).

DEUXIEME PARTIE
De Tintin à Hergé.

1. Ses interprétations sont organisées autour de la « dualité angoisse-innocence », et les oiseaux sont pour lui les « exorcismes hergéiens de son angoisse ». La dernière image des *Bijoux* devient de même « le condensé de toutes les catastrophes terrestres que se partagent, enfin réconciliés — cause commune contre le *rêveur* — la pie, la chouette et le perroquet » (*Entretiens avec Hergé,* op. cit., p. 14, souligné par l'auteur).
2. Exception faite des diablotins de *L'oreille cassée* qui sont des diables avec des ailes — conformes en ceci à la tradition chrétienne des anges déchus — et non des oiseaux.
3. *Le secret de la Licorne,* p. 14.
4. *Les bijoux de la Castafiore,* p. 54.
5. *Tintin au Congo,* p. 60.
6. *L'oreille cassée,* p. 12.
7. *L'île noire,* p. 20.
8. *Le trésor de Rackham le Rouge,* p. 28.
9. *Coke en stock,* p. 53.
10. Hergé effacera cette dernière représentation du coupable dix ans plus tard, en disant, comme pour s'excuser du bien mauvais rôle qu'il leur a fait jouer : « Je croyais encore que les requins étaient de vilaines grosses bêtes » (*Entretiens avec Hergé,* op. cit., p. 110).
11. *L'île noire,* p. 20.
12. Lors de la refonte de *L'île noire* en 1966, tout comme la femme du capitaine a changé de visage pour ressembler à la Castafiore, le nom du capitaine — qui s'appelait Henri dans l'édition de 1946 — s'est rapproché de celui de Haddock...
13. Le père d'Hergé était orphelin (Benoit Peeters, *op. cit.,* p. 26).
14. Benoit Peeters, *op. cit.,* p. 27.
15. *Tintin au Tibet,* p. 40.

TROISIEME PARTIE
Tintin et le secret du dessin

1. Je m'inspire pour ces distinctions de l'analyse proposée par André Green dans *Hamlet et Hamlet,* Balland, Paris, 1982, p. 146. et suivantes.

2. C'est pourtant ce que fait J.M. Apostolidès, in *Les métamorphoses de Tintin,* op. cit.

3. Remarquée par Prudhommeau dès 1947.

4. Lurçat L., « Rôle de l'axe du corps dans le départ du mouvement », in *Psychologie Française,* tome VI, n° 4, oct. 81, p. 305-310. Ce n'est bien sûr pas le sens en soi de ce geste qui nous intéresse, mais le sens qu'il prend pour l'enfant lorsqu'il en fait la matière d'un jeu, c'est-à-dire d'un plaisir et d'un apprentissage, comme c'est le cas dans le dessin.

5. Widlöcher D., *L'interprétation des dessins d'enfant,* Psychologie et Sciences humaines, Pierre Mardaga, Bruxelles.

6. Lurçat L., « Genèse du contrôle dans l'activité graphique », in *Journal de Psychologie,* n° 2, 1964.

7. C'est le troisième temps de l'observation freudienne. Après le jeu par lequel Ernst jette loin de lui ses jouets, puis le jeu de la bobine proprement dit (où il jette et ramène successivement à lui un objet rattaché à une ficelle), l'enfant découvre le plaisir de faire disparaître puis réapparaître son image dans un miroir (Sigmund Freud, « Au-delà du principe de plaisir », in *Essais de psychanalyse, op. cit.*).

8. D.W. Winnicott, *op. cit.*, et Sami Ali, *op. cit.*

9. Arno Stern, *Le langage plastique,* Delachaux et Niestlé, Berne, 1963.

10. Le trompe-l'œil illustre parfaitement cette double polarité du regard jouissant. Son pouvoir d'équivoque est au cœur du plaisir qu'il procure : trompé ici, le regard est détrompé là, puis trompé à nouveau. Une fois mis dans le secret, le spectateur peut choisir alternativement de se laisser tromper, ou bien de voir dans quelle mesure il s'est trompé ; de laisser s'imposer l'illusion d'une profondeur, c'est-à-dire d'une distance, ou bien de percevoir la surface plane du support.

11. Marion Milner, *Les mains du Dieu vivant,* NRF, Gallimard, Paris, 1974.

12. Cette manière d'aborder le geste de l'inscription indépendamment de tout contenu pose la question de savoir quelle relation privilégiée toute trace graphique, dans *le moment à la fois musculaire et visuel de son tracé,* pourrait entretenir avec la représentation *originaire* de la séparation au sens où Piera Aulagnier parle du pictogramme. C'est-à-dire une représentation à la fois antérieure au phantasme proprement dit et étroitement tri-

butaire des éprouvés corporels fondamentaux (voir Piera Castoriadis-Aulagnier, *La violence de l'interprétation,* PUF, Paris, 1975).

13. Hergé, au moment du *Tibet,* va voir un analyste jungien. Il est possible que cette démarche personnelle ait contribué à la terminaison de cet album et à l'évolution des *Bijoux* (bien que ces entretiens ne semblent pas avoir duré bien longtemps, et que la seule intervention de cet analyste rapportée par Hergé concerne la nécessité pour lui de « tuer le démon de la pureté »... et d'arrêter son travail ! Benoit Peeters, *op. cit.,* p. 30).

14. Cité par J.M. Le Bot, in *L'œil du peintre,* Gallimard, Paris, 1982. Mais cet auteur établit une confusion difficilement explicable entre les enjeux psychiques mobilisés par des moyens d'expression aussi différents que l'écriture, la peinture et le dessin.

15. *L'art romantique,* I, « L'œuvre et la vie d'Eugène Delacroix ».

16. *L'œil et l'esprit,* NRF, Gallimard, Paris, 1984.

17. Que les jeunes lecteurs aient une préférence marquée pour *Le trésor de Rackham le Rouge* parce qu'ils y retrouvent certains thèmes de leur propre roman familial (par identification au héros, c'est-à-dire au chevalier) concerne la lecture de cet album et non sa création. Or, rappelons-le, c'est uniquement cette dernière qui nous intéresse ici.

18. Freud S., « Au-delà du principe de plaisir », *op. cit.*

19. Par exemple, libérer une femme d'un monstre qui la retient prisonnière ne prend pas toujours la signification œdipienne de libérer sa mère d'un père jugé pour l'occasion « monstrueux », et pourrait bien parfois concerner le désir de la soulager de quelque pesant secret...

20. *L'écorce et le noyau,* op. cit.

21. En ce qui concerne le problème du cinéma, voir S. Tisseron, « Alfred Hitchcock et la mise en scène du désir filmique » in *Les Temps modernes,* Paris, mars 1985.

22. M. Alain Baran, secrétaire de Hergé, me propose la mise au point suivante :

« Cette affirmation tendrait à faire croire aux lecteurs que Hergé aurait déconsidéré son métier d'auteur de bandes dessinées (ce qui fut d'ailleurs — et malheureusement — le cas d'un certain nombre de ses confrères).

« La vérité est tout autre : Hergé avait bien tenté une incursion dans la peinture (vers 1964-65), mais cette expérience fut de brève durée. En effet, Hergé s'était très vite rendu à l'évidence qu'il n'était absolument pas fait pour ce mode d'expression, car ce qu'il aimait avant tout, c'était de raconter des histoires en images. Et la bande dessinée seule lui apportait à ce titre pleine satisfaction. » Dont acte.

23. Jean-Paul Sartre, bien qu'il mette en avant de tout autres

raisons, fait ses adieux à la littérature — selon sa propre expression — avec un roman consacré à l'écriture romanesque, *Les mots.*

24. *Entretiens avec Hergé,* op. cit.

25. L'élaboration d'une telle représentation conditionne la capacité du Moi à pouvoir perdre un temps ses propres limites, d'où découlent une nouvelle disponibilité à soi-même et la possibilité de faire retraite dans la distraction. Elle permet également une meilleure acceptation des manifestations infantiles jusque-là condamnées par l'instance parentale intériorisée.

26. Cette question fera l'objet d'un travail ultérieur.

CHRONOLOGIE

1929. *Tintin au pays des Soviets.*
1930. *Tintin au Congo.*
1931. *Tintin en Amérique.*
1932. *Les cigares du pharaon.*
1934. *Le lotus bleu.*
1935. *L'oreille cassée.*
1937. *L'ile noire.*
1938. *Le sceptre d'Ottokar.*
(Conception de *L'or noir,* non paru, remis après la guerre.)
1940. *Le crabe aux pinces d'or.*
1942. *L'étoile mystérieuse* (premier album à bénéficier de la restriction à 62 pages, et du passage du noir et blanc à la couleur).
1947. *Le secret de la Licorne* (album conçu pendant la guerre).
1947. *Le trésor de Rackham le Rouge* (album conçu pendant la guerre).
1947. *Les sept boules de cristal* (album conçu pendant la guerre).
1949. *Le temple du Soleil.*
1950. *Au pays de l'or noir.*
1952. *Objectif lune.*
1954. *On a marché sur la lune.*
1956. *L'affaire Tournesol.*
1958. *Coke en stock.*
1960. *Tintin au Tibet.*
1963. *Les bijoux de la Castafiore.*
1968. *Vol 714 pour Sydney.*
1976. *Tintin et les Picaros.*

Mes remerciements vont d'abord à Yolande Tisseron (c'est pour un groupe de travail qu'elle animait qu'a d'abord été rédigée la recherche sur Haddock) ; à Didier Anzieu, pour son soutien chaleureux (qu'il trouve ici l'expression de toute ma gratitude) ; à René Major (qui a accueilli dans *Confrontation* la première version du « Fantôme du chevalier ») ; à Eric Münch (pour le soin qu'il a mis à relire mon manuscrit et ses conseils) ; et à Philippe Grimbert. Je remercie également Madame Fanny Remi pour l'intérêt qu'elle a manifesté pour mon travail, Monsieur Alain Baran, secrétaire de Hergé, pour les précisions qu'il m'a communiquées, et Monsieur Bob de Moor.

TABLE DES MATIERES

DEUXIEME PARTIE

DE TINTIN A HERGE

TROISIEME PARTIE

TINTIN ET LE SECRET DU DESSIN

(Des *Aventures de Tintin* à l'aventure graphique)

Achevé d'imprimer en octobre 1986
par les Presses Bretoliennes
27160 Breteuil-sur-Iton

Dépôt légal : octobre 1985
N° d'éditeur : 1847
N° d'imprimeur : 451

Imprimé en France